光明文丛

·光明文丛系列·

Guangming Wencong series

公共文化服务与文化养老

王海霞◎著

光明日报出版社

图书在版编目（CIP）数据

公共文化服务与文化养老 / 王海霞著. -- 北京：光明日报出版社, 2023.8
ISBN 978-7-5194-7420-1

Ⅰ. ①公… Ⅱ. ①王… Ⅲ. ①公共管理—文化工作—研究—中国②文化事业—关系—养老—社会服务—中国
Ⅳ. ①G123②D669.6

中国国家版本馆CIP数据核字(2023)第154500号

公共文化服务与文化养老
gong gong wen hua fu wu yu wen hua yang lao

著　　者：王海霞

责任编辑：郭玫君　　　　策　　划：崔付建　秦国娟
封面设计：鸿儒文轩　　　　责任校对：房　蓉
责任印制：曹　诤

出版发行：光明日报出版社
地　　址：北京市西城区永安路106号，100050
电　　话：010-63169890（咨询），010-63131930（邮购）
传　　真：010-63131930
网　　址：http://book.gmw.cn
E - mail：gmrbcbs@gmw.cn
法律顾问：北京市兰台律师事务所龚柳方律师

印　　刷：三河市华东印刷有限公司
装　　订：三河市华东印刷有限公司
本书如有破损、缺页、装订错误，请与本社联系调换，电话：010-67019571

开　　本：170mm × 240mm　　　　印　　张：17.5
字　　数：230千字
版　　次：2023年8月第1版
印　　次：2023年8月第1次印刷
书　　号：ISBN 978-7-5194-7420-1

定　　价：68.00元

绪 论

一、公共文化服务

随着社会主义市场经济的不断发展，社会面貌正在发生深刻的变化。中国社会开始从过去的一般温饱型转变为全面发展型。这就意味着人们的需求已不再局限于基本温饱，而更加关注物质、精神及文化的全面发展。这既给文化发展注入了新活力，也对公共文化服务提出了更新、更高的要求。

公共文化服务属于公益性文化事业的范畴，是一种为广大公众普及文化知识、传播先进文化的重要形式。它具有促进社会文化进步、提升社会文化素质的使命，是社会发展和人类精神文明进步的重要支撑。它重在强调文化的无障碍性、包容性和公正性，可以满足人民群众的文化需求，也可以提升国家文化软实力。公共文化服务对经济发展具有重要的推动作用，在我国的意识形态建设中扮演着基础的角色。公共文化服务是以高质量发展为主线的，既要保障公民的公共文化权利，也要有效提升国家的文化软实力，这就在一定程度上提高了人民群众的文化素养。公共文化服务主要围绕其基本概念、发展现状、政策演变、服务供给、服务保障五个方面展开。

概括来说，主要有以下几项问题：第一，阐述了公共文化服务的提出背景、内涵界定、研究进展等；第二，确立了一种适合其特点的供给模式和政策演变；第三，分析了“互联网+”公共文化服务的供给模式、服务意义、以及供给模式的优劣势；第四，突破了地域和时间限制，通过网络平台和在线资源共享，使公众可以随时随地获取文化内容和参与文化活动；第五，提出了公共文化服务体系的研究综述、现实意义与价值分析；第六，提出了区域文化协调发展的基本思路、现实情况及因素分析等。

此外，人们还对公共文化服务进行了规范化管理与创新：第一，强调了研究公共文化服务的根本目的，促进了社会的文化发展和公共福祉。第二，阐释了公共文化服务体系建设的发展过程，有效推进并满足了公众的文化需求。第三，综述了公共文化服务的发展现状，进一步完善了公共文化服务的研究体系。

从当前来看，构建公共文化服务体系是一个庞大而复杂的工程，需要动员全社会力量共同参与，主要包括政府、文化机构、社会组织、企业和个人等各方的积极参与。政府在这一过程中扮演着重要的引领和协调角色，它需要制定相关政策和规划，提供适当的财政支持，推动公共文化服务的发展。通过有效的资源管理、多元化的社会参与方式，以及创新的适应性，进一步实现可持续性的公共文化服务。

二、文化服务养老

在十八大报告中，首次明确地提出了应对人口老龄化。报告中指出，应对人口老龄化是一项长期性、系统性的工作，需要采取积极应对措施。想要应对这一挑战，就要大力发展老龄服务这一事业和产业，致力于让老年人老有所养。在这种背景下，正式提出了“文化养老”这一理念。文化养老不仅突破了以往的物质赡养与生活照料的常规养老模式，又通过借鉴国内外的养老实践，尝试性提出了中国特色文化养老模式。

文化养老既是一种积极的生活方式，也是一种有效率的养老方式。通过文化实践，不仅需要老年人重整自己的生活时间和活动空间，还要建立起一种有意义的社会关系，获得身心的安顿之所。在这一过程中，老年人的精神得以滋养，情感得以升华，心灵得以安抚，同时，还能够找寻到生活的意义和价值。为此，人们向老年人提出了以下建议：

第一，文化生活多样化。对老年人来说，随着年龄的增长和健康状况的变化，他们需要适当调整活动类型。在健康状况较好时，老年人可以多参加一些动态活动，比如，体育锻炼、文化旅游等；在行动能力受到限制时，老年人就要将动态活动转变为静态活动，比如，读书看报、参与棋牌书画等。因为积极地参与社会文化活动，有助于保持良好的人际关系，进而增进老年人的身心健康。

第二，体育锻炼需要量力而行。在身体允许的情况下，老年人可以适当参加一些体育锻炼。然而，不论参加哪一类运动，都要遵循科学规律，采用科学的方法，量力而行。此外，老年人在运动时还需要保持平和的心态，不要急于求成，以防跌倒或摔伤，对身体造成一定的损伤。

第三，用开放的心态继续学习。在这个飞速发展的信息化时代，生活中的变化日新月异，这对老年人的适应能力是一次很大的考验。比如，在社会生活中，互联网的应用日趋广泛，老年人要用开放的心态去适应这些变化，让新技术服务于生活。在人口老龄化的社会里，终身学习是每一位老年人的必然选择。

随着社会经济的快速发展，老年人的收入普遍有所提高，消费能力不断增强，消费趋向也发生了变化。为了让老年人享有丰富的文化生活，不仅要注重健康、养生、休闲旅游等方面的发展，还要为老年人提供更加公平的参与机会和参与渠道，并通过制度化、规范化的公共文化服务体系，让每一位老年人都拥有高质量的晚年生活。

目录

上篇　公共文化服务

上篇——公共文化服务

第一章　公共文化服务的研究综述

第一节　公共文化的基本认知

公共文化的概念及内涵

提及“文化”一词，人们并不会感到陌生。文化，不仅代表了一个民族的精神和灵魂，也承载着一个国家的责任和使命。文化是构成一个民族独特性和认同感的基石，也是一个国家实现全面发展的重要力量。过去，在中国的历史和政治背景下，人们长期使用的是“社会文化”“群众文化”此类概念，后来，才出现了“公共文化”这一新概念，如此算来公共文化在我国出现的时间相对而言是比较晚的。

在现代语境中，“公共文化”与“公共领域”的概念具有高度的关联性。所谓“公共领域”，不仅指一个国家和社会之间的公共空间，也指人们共同参与、讨论和决策的领域。在古希腊城邦中，公共领域是城市的中心，通常是一个主要的广场或集市，体现了人们参与公共事务的权利和责任。在那一时期，分享民主权利的城邦政治形式，成为公共领域的一种早期形式。

一、公共文化的概念

17 世纪和 18 世纪，艺术沙龙及街头咖啡馆的出现，成为公共领域的重要组成部分。它们为人们提供了一个独立于政府和官方机构的空间，使得各个社会群体能够自由地参与公共事务的讨论和决策过程。这种开放的公共场所和公共文化的发展，有助于推动社会的变革和民主观念的普及。

可以说，艺术沙龙和街头咖啡馆的出现标志着近代欧洲社会从封建社会向民主社会的转变。它们为个人自由、民主和知识的传播起到了重要的推动作用，并为后来现代公共领域的形成奠定了基础。

比如，在论著《新科学》中，维柯探讨了社会文化的复杂性和权力的运作方式，还强调文化在建构公共领域中的重要作用。实际上，公共领域的边界是通过公共文化的参与和界定来实现的：其一，公共领域与私人领域是相对立的关系；其二，进入公共领域的所有人，一致认同某种观念原则和文化价值。

到了 19 世纪和 20 世纪，社会主义市场经济的发展，以及人民群众文化需求的增长，对文化发展产生了重要的影响，也为文化注入了新的活力。随着社会主义市场经济的发展，人们的生活水平逐渐提高，消费能力增强，这使得人们对文化的需求和参与程度不断增加。因此，人们对于“公共文化”这一概念也开始从空间上去理解。

“公共”一词指的是面向社会公众的场所、资源或服务，它强调的是为社会全体公众提供的、服务公众利益的行政职能，旨在提供广泛的文化活动、资源和设施。公共文化的终极目标是让每个人都参与文化、享受文化，以及创造文化。

从目前来看，我国的文化领域正发生着广泛而深刻的变革。公共文化作为政府公共服务的一个重要领域，政府必须创造各种条件，以保障公民文化权利的充分实现。可以说，推进文化改革发展势在必行。

二、公共文化的内涵

随着现代社会的兴起和工业化的推进，“公共文化”逐渐成为一个重要概念。公共文化是指为社会公众所共享、参与和创造的文化活动、资源和价值观。在资本主义的早期阶段，社会开始出现民主化的倾向，人们对于公共事务的参与和个人权利的扩展日益重视，在这一进程中，公共文化的概念崛起，促进了人们对于文化领域的参与、文化活动的共享和文化资源的普及。

相对于经营文化而言，公共文化就是一种极致的文化生产形态。进入21世纪，公共文化概念逐渐转变为传统文化保护与创新发展并重，强调多样性、参与性和创造性。这一转变反映了中国对文化多元性的重视，以及对民众参与和多元文化表达的支持。直至2020年，现代公共文化服务体系得到了基本建设。公共文化服务的标准化和均等化水平有了稳步的提高，公共文化供给与群众文化需求也进行了有效的匹配。

之后，推进公共文化事业发展便成为实现社会多元文化互动、优化社会文化生态的必然要求。我国作为发展中国家，文化建设在国家发展战略中占据主导地位。从国家发展的宏观视野来看，文化建设既与国家文化主权、文化秩序有关，也与公民文化权利、文化享有有关。虽然我国在经济、科技、军事等方面的硬实力得到了一定的提升，但是社会主义文化建设依然十分滞后，国家软实力也未能得到同步发展。

不仅如此，在我国文化产品有限的海外市场中，也存在着以下几项弊端：第一，硬件设施占据较大份额。这可能是由于这些产品更容易进入国际市场，并且在一些特定领域有较高的需求。第二，内容和质量相对不够先进。文化出口产品的内容和质量是影响其在海外市场竞争力的关键因素。第三，创意性和理念性的文化出口有限。创意性和理念性的文化产品在国际市场上通常更容易引起关注和赢得认可。这就与那些发达国家形成了鲜明的对比。比如，美国的好莱坞电影、英国的科幻影片、日本的动漫业，以及韩国的家庭伦理剧，在国际市场上都取得了不菲的成就，成为国家文化形象展示的“重要窗口”。

这些国家之所以能够在国际市场上获得影响力，部分原因是他们在文化产业方面注重长期的发展和推广。通过加大创意人才培养，提高内容质量，注重文化多样性和独特性，中国的文化产品有望在国际市场上取得更多的成功，并发展成为展示国家形象和文化软实力的“重要窗口”。

公共文化的历史解读

文化是由人类共同创造的，自从文化诞生以来，它就属于公共文化。首先，公共文化强调全民参与，它追求文化的普及性和开放性；其次，公共文化具有非营利性质，它致力于提供优质的文化服务和资源。站在历史领域的角度来看，公共文化存在着两大差异，具体表现在形态和内容方面。

一、形态差异

在原始社会时期，不仅劳动工具简陋，生产力水平也十分低下，人们自愿结成生产和生活的共同体，即原始公社。原始公社的生产分工非常简单，人们主要从自然界中获取一些生存资料，并共享所有的劳动成果，其中就包括共享文化。

在原始社会，虽然文化传承方式与现代社会存在一定的差异，但它们都是社会秩序和稳定的重要组成部分。他们主要通过仪式和群体参与，以及潜移默化的方式，使社会成员主动接受与社会发展相关的道德、行为规范和价值观念等，从而发挥维护生活秩序、保障社会稳定的作用。

在西方文明中，古希腊罗马的神话传说是西方文明的重要文化之源。它们真实地再现了古希腊罗马社会的宗教生活，揭示了宗教文化对于人们日常生活的影响和约束。这些神话传说不仅丰富了西方文化的内涵，也对艺术、文学和哲学产生了持久影响。除了这些仪式化的宗教活动外，在古罗马时期的一些城市中，还建有一些大型的公共建筑和文化设施，比如，温泉浴室、竞技场和图书馆等。[①]

这些建筑和设施在古罗马时期的城市中扮演了重要角色，不仅反映了社会经济发展的现实状况，又或多或少地受到了社会经济发展的制约。在古希腊罗马和其他古代文明中，公共文化受到地域文化差异的影响是普遍存在的。同时在这些社会内部，也存在着差异化的公共文化，这取决于不同群体之间的社会、经济和地理等因素。这些差异丰富了古代社会的多样性，并为研究和理解古代文明提供了更深入的视角。

即使是那些生活在社会底层的人，也始终存在着社会公共文化。这种公共文化以社会习俗的方式，无形中影响和支配着基层民众的精神生活和物质生活。比如，庙会作为一种社会公共文化，从古至今一直在延续着。随着时代发展和社会变迁，人们在不断地改变其形式，从而使它迸发出了一种强大的生命力。

二、内容差异

新中国成立后，我国实行计划经济体制，并且在文化事业领域采取了一系列措施来建设公共文化机构。此外，在建设公共文化机构方面，我国也投入了大量的财政资金，旨在提供广泛的文化服务和文化遗产保护。

这些公共文化机构的创立和运营，始终离不开国家的财政支持。它们不仅促进了文化的传承和创新，也为文化事业的健康发展提供了有力的保障，还为公众提供了获取知识、欣赏艺术和参与文化活动的机会，对社会主义国家的文化建设起到了推动作用。这就表明，在不同的社会形态中，由于政治体制的不同，公共文化的体制化也会存在一定的差异。

---

① 龚蛟腾 . 改革开放后图书馆事业的复兴与开拓 [J]. 图书馆，2015（2）.

此外，近现代国家大多数都采用立法的形式来保障公共文化的存在与发展。从当前来看，人类社会普遍认同的价值观是：确保全体公民都能够享有平等和普遍的文化权利。社会主义国家的文化事业建设的根本目标是：保障公民精神文化需求的实现，体现出了一种公益性质。

更值得强调的是，民俗传统是文化中的一个重要组成部分，具有历史和社会意义。这种民俗形态的公共文化包含封建和迷信等因素，这些元素反映了过去社会的层级结构和价值观念。但是，在现代社会中，这类元素很有可能与平等、自由和民主的理念有所冲突，因此，它很快就被人们淡化了。

中国作为一个发展中国家，依然面临着拥有庞大的贫困人口、落后的生产力和经济基础设施严重不足等问题。在推动公共文化的体制化进程中，仍然存在一些挑战和需要解决的问题。首先，中国社会具有多元性和多样性，地区之间、城乡之间、不同社会群体之间的文化差异较大。其次，随着经济社会的发展和信息技术的普及，人们的文化需求日益多样化和个性化。此外，加强公共文化的教育和宣传工作也是重要的任务。

综上所述，将公共文化整合为社会成员共同拥有的、统一的文化空间和精神世界是一个复杂且持续的任务，需要政府、社会各界和广大人民群众的共同努力。通过不断完善公共文化体制、扩大文化资源的覆盖面、加强文化交流和融合，中国特色社会主义公共文化的发展将更加丰富多彩、充满活力。

公共文化的基本特征

文化，是人类文明发展的重要基石，也是实现经济、社会、政治、文化等方面发展目标的工具和手段。文化产业作为公共文化的重要组成部分，需要提供更多的文化产品和服务，推动文化创新和创意产业的发展，并为公共文化机构提供经济支持和合作机会。

此外，加强公共文化的教育和宣传工作也是重要的任务。通过不断完善公共文化体制、扩大文化资源的覆盖面、加强文化交流和融合，中国特色社会主义公共文化的发展将更加丰富多彩、充满活力。

1. 公共文化的共享性

公共文化的共享性来源于文化的公共性。在原始社会的公社制度中，由于生产力的相对低下和生活方式的相对均衡，财产私有和阶级分化并不存在，社会中的财富和资源是公共财产，没有明显的社会地位差异。在这样的社会背景下，公共文化的发展与平等参与并不具备同样程度的紧迫性。因此，公共文化的平等参与不仅是对财产私有和阶级分化的回应，也是一个社会进步和公正发展的方向。

从历史实践来看，在社会生产资料不均等的社会背景下，不同社会群体之间的文化差异也会逐渐增大。此外，不同阶级的人们也可能有不同的文化表达和生活方式。由于不同阶级的生活条件、价值观念和社会交往圈子的差异，他们可能具有独特的文化习俗、兴趣爱好和审美趣味。公共文化的存在虽然体现出了社会各个阶层的平等性，并不能从根本上改变这一现实情况。因此，从实质上看，公共文化的共享性体现的是对等级制社会制度的一种调适。

2. 公共文化的仪式性

从形态方面来看，公共文化最显著的特征是具有仪式性。它起源于远古先民的巫术活动。众所周知，早期的巫术仪式是人们对自然神的一种崇拜，直到后来，巫术才具有了娱人的性质，并且成为公共文化的重要表现形式之一。

事实上，古老的仪式通常以象征性的方式传达特定的信念、价值和观念。通过重复的、程式化的动作，这些仪式可以更加明确地传递其所代表的含义。在民俗中，仪式往往体现为日常生活的习俗和惯例，贯穿于人们的日常行为和生活中。公共文化之所以具有仪式性，是因为它的发展和形态演变源自古老的传统。

3. 公共文化的差异性

公共文化的差异性体现在多个方面，我们可以从多个视角来加以观察和理解，它主要体现在以下三个方面。

第一，多种形态特征。公共文化的形态差异可以反映人们的民族属性、宗教信仰，以及社会身份和地位的差别。这些差异在艺术形式、宗教仪式和社会参与等方面得到体现，通过这些不同的表现方式，人们可以表达自己的身份认同、价值观念和社会地位。

第二，地域空间特征。空间的自然属性主要表现在地域性上，影响和制约着人们的生产、居住和交往等。

第三，社会分层特征。在阶级社会中，公共文化也有强弱之分。在社会财富方面，不同的阶级存在着一定的差别。然而，社会空间的建构机制并非静止不变，它可以受到社会变迁、政策改革和人们意识观念的影响而发生改变。

4. 公共文化的建构性

从一定程度上来讲，文化是社会空间建构的重要因素。涵盖了一定社会共同体的成员所共有的信仰、价值观、观念和行为方式。通过参与和传承文化，个体可以形成自己的身份认同。这种社会共同体既可以是原始社会的氏族部落，也可以是一个民族或一个国家。

从生产方式的角度来看，文化生产是一种特殊的社会生产，是公共文化的一种基本形态。当然，公共文化生产与物质生产有着相似之处，它们都有属于自己的产品，包括观念形态的思想、意识、心理和情感等。唯一有所不同的是，公共文化生产有着与物质生产完全不同的经济特性，还有着不同于非公共文化生产的性质。

第二节　公共文化服务的基本概念

党的十八大提出，2020 年的重要战略目标是要全面建成小康社会。这一目标旨在实现国家繁荣富强和人民幸福安康的综合目标，它涵盖了经济、社会、文化等多个领域的发展，为全体国民创造更多的文化福利条件。

服务与公共服务的内涵

虽然大多数人对“服务”一词都很熟悉，但若要细究起“什么是服务”这个话题时，几乎没有人能够说清楚它的概念。服务是一种看不到、摸不着的东西，应用范围十分广泛，三言两语实在难以概括。伴随着经济时代的发展，服务成为现代社会的一个重要概念。

一、服务的内涵

从一般意义上来讲，服务指的是社会成员之间相互提供便利的一种活动。服务包括有偿和无偿两种形式，旨在满足人们的需求和提供帮助。在地位方面，服务的提供者和服务的接受者之间也是平等的。美国著名学者 A. 佩恩在其代表性著作《服务营销》一书中指出，认识服务的内涵需要把握好以下三种特性：

第一，无形性。市场营销学家菲利普 · 科特勒说：“一方提供给另一方的不可感知且不导致任何所有权转移的活动或利益，它在本质上是无形的，它的生产可能与实际产品有关，也可能无关。”他在市场营销理论中强调了服务的无形性和抽象性，将其与可以直接感触到的物质产品相区分开来。正是因为服务的无形性，它的市场表现和消费者体验与物质产品有所不同。

第二，异质性。服务的异质性对于服务行业的管理和营销至关重要。可以从以下两个关键因素来考虑：服务提供者（员工）和服务接受者（顾客）的互动，以及服务过程中的不确定性和变化性。为了应对服务的异质性，企业需要注重员工培训和发展，提高员工的专业素养和服务能力。此外，有效的沟通和关系管理也是提供一致且个性化服务的关键。

第三，同步性。与真实的商品相比，服务是一种看不见、摸不到的东西。与物质产品所不同的是，服务是一种同时进行生产和消费的活动。在服务提供的过程中，服务的生产和消费是紧密相连的，几乎是同时进行的。当一位顾客购买服务时，服务的生产即刻开始，并与顾客的消费同时发生。服务的生产通常是由服务提供者通过与顾客的互动、交流和执行特定的任务来实现的。

从本质上来说，服务还具有利他性、被支配性和自愿选择性。利他性，是服务的重要特征之一。服务提供者的行为是出于对他人的利益和需要的关注和关怀。被支配性，也是服务的一个重要特点。服务提供者在服务的过程中被顾客或接受服务的个人或团体所支配。自愿选择性，意味着服务的接受者拥有独立人格特征和自主的选择权利。因此，全面深刻地理解“服务”的内涵，是实现服务活动规范运作的前提。

二、公共服务的内涵

“公共服务”这一概念继承了服务的基本特征，并蕴含着一些特定的价值准则。然而，无论是哪种观点，公共服务都具有为社会大众提供服务、追求公共利益和福祉、弥补不平等现象、实现公共价值等共同的基本特征。

第一，通过解释公共物品的属性来定义“公共服务”。公共服务是指由政府或公共机构提供给社会各个成员的服务。它具有一些特殊的属性，包括非竞争性、非排他性和不可分割性。公共服务之所以由政府或公共机构来承担提供，就是因为它们具有公益性质，可以满足社会的整体利益。

第二，从公共利益的视角解释“公共服务”。罗伯特·登哈特夫妇提出的新公共服务理念强调了以公民为中心的治理系统中公共行政的角色，倡导政府更加关注公民需求、参与和合作，以实现公共福祉和社会进步的目标。这一理念在公共行政领域产生了广泛的影响和启发，并推动了公共行政的转型和改革。

第三，从公共服务的社会价值出发，公共服务是社会福利最大化意义上的公共物品，蕴含着维护公共利益、促进社会公正的追求。每个国家的公共服务都应该根据该国的经济社会发展水平、国情和国力来确定。在当代中国的情况下，确保全体国民可以平等共享基本公共服务是至关重要的。

需要指出的是，公共服务需要长期的持续努力。随着社会的变化和发展需求的变化，中国政府也会逐步调整公共服务的重点和策略，以适应新的挑战和需求。通过持续改革和创新，中国将不断完善公共服务体系，确保全体国民都能够平等享有基本公共服务。

公共文化服务的概念界定

公共文化服务是一种将公共服务与公共文化精神相结合的服务形式，旨在满足社会大众的文化需求，促进社会发展和文化繁荣，并确保公平、平等和可持续的文化发展。公共文化服务是文化层面的公共服务，以公共财政为主要投入，并通过整合和配置社会文化资源，实现向全社会提供公共文化产品的服务活动。[①]

① 曹爱军．公共文化服务的兴起及其发展取向 [J]. 重庆社会科学，2010（5）.

为了进一步满足公民的基本文化权利，可以从物质、制度和精神三个层面来着手。可见，公共文化服务就是一项系统工程。公共文化服务的终极目的是多方面的，旨在保障公民的文化权益，提升群众的文化素养，传播社会先进文化，维护社会的文化秩序，守卫国家的文化安全。这些目标相互关联，共同促进社会的文化繁荣和发展。

一、公共文化服务的内容构成

公共文化具有公益性和服务性两大特性。首先，公益性是公共文化的核心特点之一。公共文化设施和服务以公益为导向，旨在满足公众的文化需求，提供普惠性的文化资源和服务。图书馆、博物馆、展览馆、科技馆等公共文化设施通常面向公众免费或以低廉的价格提供文化资源和活动。

其次，公共文化也具有服务性质。公共文化设施和服务致力于为公众提供丰富多样的文化体验和服务。除了免费或低价提供公共资源外，公益性的广播电视服务、公益性农村电影放映等也是公共文化的一部分。这些服务通过广播、电视、电影等媒介形式，向公众传播文化信息，推广先进的文化成果，满足人们对多样化文化产品的需求，促进了社会的文化繁荣和个体的全面发展。

现阶段，国家界定的公共文化服务范围包括看电视、听广播、读书看报等方面，它们旨在满足公众的文化需求，促进国家的文化繁荣、社会的进步和个体的全面发展。需要注意的是，随着社会的变化和发展，公共文化服务范围可能会有所调整和扩展。这些服务的提供旨在确保公众可以获得文化资源，享受到丰富多样的文化体验。随着文化发展水平的不断提高，公共文化服务的服务内容、服务标准在不断提升，覆盖面也在逐步扩大。

党的十九大报告强调："完善公共文化服务体系，深入实施文化惠民工程，丰富群众性文化活动。"一般来说，公共文化服务包括基本公共文化服务和非基本公共文化服务这两个部分。

基本公共文化服务，是指为满足人民群众的基本文化需求而提供的公共文化服务。比如，读书看报、收听广播、观看电视、参加文体活动等。基本公共文化服务的核心目标是实现基本的文化均等，使人们都能够享有一定程度的文化参与和文化权益。这种服务的提供旨在满足人们对基本文化需求的普遍追求，推动社会的文化发展，促进社会的和谐与稳定。

非基本公共文化服务，非基本公共文化服务是指超出了基本文化需求的范围，满足人民群众对于文化的更高层次和水平的需求。比如，观看高档艺术演出和文化活动等。非基本公共文化服务的目标是满足人民群众对于文化的更高层次和水平的需求，促进文化产业的发展，推动文化创意经济的繁荣，并丰富人们的文化生活。

二、公共文化服务的基本特征

公共文化服务的主要对象是全体人民群众。公共文化服务的目标是为广大人民群众提供普惠性、平等性和共享性的文化资源和服务，以满足他们的文化需求，为大多数人提供易于接触和参与的文化活动。

同时，在文化消费方面，不同人群的需求也可能存在差异，比如，根据年龄、性别、教育水平、职业等不同特点，人们对于文化活动的关注重点和方式可能有所不同。作为文化领域的公共服务，它具有文化内涵的三个本质特征。

第一，精神性。虽然公共文化服务在表面上以物质形式呈现，比如，文化设施、文化产品等，但其内核确实是一种价值理念。这种价值理念通过潜移默化的形式影响和塑造着社会的个体。需要注意的是，不同国家、地区和文化背景可能存在不同的公共文化服务的内涵和理念。

第二，导向性。公共文化服务以保障文化民生、促进文化公平为宗旨，坚持“核心价值引领”和“公共需求导向”，并通过传播社会核心价值体系来维护社会秩序，并进一步实现政治整合。

第三，竞争性。在一个开放的社会中，可能存在多种核心价值体系并存的情况，而公共文化服务需要在这些不同的价值观之间进行协调和平衡。这种竞争性可以促进社会的文化多元性和参与性，确保不同社会群体的文化权益得到尊重和满足。

从本质来说，公共文化服务就是一种文化领域的公共服务。对大多数人而言，只要让公共文化服务成为一种常态，就能在一定程度上促进社会健康发展。人们对公共文化服务的基本特征进行了论述，主要包括以下四个方面。

第一，资源配置的公有性。与私人文化资源有所不同的是，公共文化资源具有产权上的公有性。它们或是由历史积淀而留存下来的，或是由公共财政投资建设而形成的。照此推断，它理应面向社会成员来进行配置。

第二，价值取向的公益性。公共文化服务以实现社会成员的文化利益和文化福利为主要目标，应当具有普遍的公益性，为社会全体成员所共享。在内容形式方面，公共文化服务应具有健康文化价值的导向性，并进一步维护全社会共同的、根本的利益。

第三，服务主体的公众性。公众性意味着服务应该为普通民众提供基本的、无差别的文化服务，这是公共文化服务的一个重要属性。公共文化服务主要面向广大人民群众，不仅可以确保公共文化服务的公共性质，成为社会效益的重要保障，还可以促进社会的公民参与、提升社会凝聚力和推动文化发展。

第四，服务供给的公平性。公共文化服务以公民基本文化权益的保障为准则，旨在通过统一的制度平台和发展机制，缩小文化发展在地域、城乡、阶层上的差异，促进全社会文化享有上的公平。

第三节　公共文化服务的发展及现状

公共文化服务作为公共服务的重要组成部分，是政府履行责任和义务的一种表现。它的目标是保障公民的基本文化生活权利，通过提供公共文化服务设施、资源和服务内容，满足人们对文化的需求和享受。同时，通过提供公共文化服务，可以促进文化的多样性和传承。公共文化服务不仅提供各种文化活动和资源，还鼓励社会各界参与其中，推动文化的创造、交流和共享。

不仅如此，公共文化服务还对经济和社会发展具有积极影响。它可以激发文化创意产业的发展，为相关行业提供就业机会，创造经济增长点。同时，公共文化服务通过提供知识、艺术、娱乐等方面的支持，提升人们的素质和幸福感，推动社会进步和民生改善，并与社会各界合作，共同营造良好的文化生态和社会环境。

公共文化服务的研究进展

近年来，公共文化服务体系建设成效显著，整体性的制度框架已基本形成。此外，我国公共文化服务设施网络基本建立，博物馆、公共图书馆、文化中心、农村图书馆、文化广场、电子报纸阅读专栏、公共健身场所等公共文化场所也已经进行打造，以满足群众的文化需求。[①]

在这一阶段，虽然我国公共文化服务已经取得了长足的发展，但还是存在诸多的问题。对此，政府将研究的重点放在公共文化服务的均等化、供

① 吕方．我国公共文化服务需求导向转变研究 [J]. 学海，2012（6）.

给、需求、政府购买服务这四个方面。

1. 公共文化服务的均等化

公共文化服务的均等化包括供给均等和结果均等两个方面。供给均等指的是公共文化服务的设施、资源和内容在地域和群体之间的分配要公平合理，确保人们都能够平等地享受到文化服务。结果均等则是指尽可能地使不同地区、不同群体在文化服务的享受和获益上达到公平，避免文化资源的过度集中和不均衡现象。

在实际实现中，结果均等更具有现实意义，因为仅仅追求供给均等并不能真正解决由社会差异和资源分配不平等所带来的文化服务不平衡问题。通过注重结果均等，我们关注的是确保文化服务的质量和效果，使各个地区和群体都能够获得满足他们需求的文化服务，实现社会的均衡发展。

相关研究显示，对于那些民族地区和革命老区特殊群体的研究依然十分薄弱。原因就在于人们只是将重点放在了一些贫困地区和边疆地区，而大大忽视了其他一些地区。针对公共文化服务呈现出的“中部洼地”现象，相关人员认为，要想实现社会保障均衡发展，促进公共服务均等化，不仅要重视群体之间的异质性，为特定群体量身定制特色公共文化服务，还要通过探讨民族地区农民工的公共文化服务策略，有效整合“文化下乡”与农民工“精神进城”。

2. 公共文化服务的供给

公共文化服务供给方面的突出问题体现在投入总量不足、供给质量下降、供给结构失衡等方面。不难看出，这与公民文化需求存在着很大的偏差。针对这些弊端，人们提出了两种解决措施：

第一，通过培育农民需求动力、重视和促进农民自组织和自我供给、鼓励多元主体参与等，可以有效推进农村的供给侧结构性改革，提高农村供给的质量和效率，满足农民的需求，促进农村经济的发展和农民收入的增加。

第二，增加对农村基本公共文化服务的资金支持，确保农村的公共文化设施建设和运行经费的充足。为了提升农村基本公共文化服务的标准化、均等化与有效性，还需要创新供给模式，以符合农村实际需求和特点，以满足农民群众的文化需求，促进农村文化事业的发展。

3. 公共文化服务的需求

对于公共文化服务的需求，人们可以从两个层面进行探讨。

第一，组织沟通。沟通的目的是让组织内外信息的传递更加高效。因此，组织沟通是组织中不可或缺的部分。

第二，人际沟通。众所周知，公共文化活动是联系群众的重要纽带。公共目标不仅在分散的社会文化活动中发挥了引导作用，还将分散的文化需求进行了有效的聚合，使文化资本发挥了最大效益。

相关研究表明，公共文化服务的功能特点、供给、需求等都会对最终分配的均等化产生一定的影响。不难看出，当代政府在公共文化服务体系中扮演了供给侧与需求侧的双重角色，致使其陷入了顾此失彼的上升螺旋，也使得改革的目标无法顺利达成。这就表明，服务水平和生产绩效对公众满意度产生了一定的促进作用。

4. 政府购买公共文化服务

对于政府购买公共文化服务，在现阶段仍然面临一些挑战。这就要求人们从多方面着手：第一，服务平台的搭建，可以整合公共文化服务的供应商和购买主体，提供信息发布、交流、管理和审核等功能。第二，购买主体的培育，使其具备了解公共文化服务需求、评估供应商能力、管理采购过程的能力。第三，购买机制的完善，包括明确的采购流程、规范的招投标程序、透明公开的评标标准和流程等。第四，评估监管的施行，建立有效的评估和监管体系，对购买的公共文化服务进行评价和监督。第五，专门领域立法，通过专门领域立法，可以规范市场行为，加强监管力度，促进公共文化服务市场的健康发展。

政府购买公共文化服务，应当遵循五个基本原则：

一是公益性原则。凡政府购买的各类公共文化服务项目，不以营利为目的，应免费或低价向社会公众提供。

二是公开、公平、公正原则。政府购买公共文化服务应公开具体项目和内容，以竞争性方式为主，择优确定公共文化服务的承接主体。

三是扩大供给原则。通过向具备文化服务能力的社会力量购买服务，扶持壮大文化主体、培育发展社会组织，进而在一定程度上提升社会力量承担公共服务的能力。

四是便民利民原则。根据购买内容的供求特点、市场发育程度等因素，做到便民利民惠民。

五是量力而行原则。结合地方财政状况和部门财力情况，先易后难、量力而行，积极稳妥地推进政府购买公共文化服务工作。

发展中的公共文化服务

公共文化服务，是基于人民群众的认知需要、自我实现需要而逐渐发展起来的。它不仅是经济社会发展的必然要求，也是国计民生的殷切期盼，更是人类文明的重要象征。近年来，人们的精神文化生活日渐丰富，文化需求也在不断被满足。

在新中国文化和体育发展的过程中，主要经历了“从无到有，积极探索”“推陈出新，综合提质”“全民共享，消费升级”这三个重要阶段，为世界的稳定发展贡献了中国力量和中国经验。

一、从无到有，积极探索

1949 年，新中国的成立，就意味着在未来的日子里，人们需要在思想创新、价值引领上为文明跃升做好准备。

随着国家经济建设的大规模开展，一大批文化设施纷纷在各地建立。1956 年，“百花齐放，百家争鸣”这一方针被提出，意在鼓励文学艺术创作的自由探索，推动社会主义文化繁荣发展。这一方针的提出是对过去镇压和限制文化艺术创作的做法进行反思，旨在激发创作的潜力和活力。

在这一方针的指导下，我国的文化领域开始出现多样性的艺术作品和不同的思想观点。文学、影视、戏曲、音乐等各个艺术门类都有了更多的表现形式和风格，艺术创作的自由度和多样性得到提升。据悉，新中国成立初期，图书的品种数量较之前翻了一番，诸如《新华字典》《现代汉语词典》等意义重大的辞书、工具书也陆续出版。

二、推陈出新，综合提质

公共文化服务的发展，是一个长期且艰苦的过程。公共文化服务机构的存在，不仅为广大群众提供了丰富的文化资源，也为文化生产提供了十分广阔的空间。此外，虽然它的服务对象广泛，但是也会面临环境、技术、资源和人才等方面的挑战。为了应对这些挑战，公共文化服务需要不断推陈出新、综合提质。

1. 改革开放初期的新景象

1978 年至 20 世纪 80 年代末，是改革开放以来我国文化体育发展变迁的第一个阶段。在这一阶段，为了能够顺应社会主义发展的基本原则，满足人民群众的物质文化需要，文化领域也在不断推陈出新。

在改革开放初期，相关数据显示，全国共有博物馆 349 座，县级以上公共图书馆 1218 所，高校图书馆不足 700 所。这表明我国博物馆发展有了空前的发展，迎来了第一个高潮期。

到了 20 世纪 80 年代末，公共图书馆的数量几乎翻了两番。在一些县级图书馆、乡镇、街道，还附设了儿童图书阅览场地和设施，出现了一批由社会组织、私企和个人投资兴办的公益性图书馆。比如，宋庆龄基金会资助建设的流动图书馆和有声图书室。

十一届三中全会以后，新闻界组织力量深入进行改革探讨，新闻“禁区”逐渐被冲破。随着改革开放的步伐不断加快，我国新闻广播事业发展实现了“井喷式”发展。1983年，第一届中央电视台春节联欢晚会播出。从此，春晚成了中国观众欢度春节的一种重要形式，大大改变了中国人的“除夕文化”。文化生活的日渐丰富，使得人民群众的精神面貌得到了前所未有的改观。在此后的几年里，《上海滩》《射雕英雄传》《西游记》《霍元甲》《渴望》等国产电视剧成功上映，并创造了收视佳绩。

2.“综合提质”的强化阶段

20世纪90年代至2000年前后，是改革开放以来我国文化发展变迁的第二个阶段。在这一时期，我国文化建设进入了一个新阶段，社会主义文化建设展现出了新面貌，文化领域发展也开始转型。

20世纪90年代，我国开启了新一轮建设博物馆的热潮。据统计，在1990—2000年的十年间，我国文物系统博物馆由1075个增长到1397个。截至2000年，全国博物馆数量达到2000多个，虚拟博物馆的雏形也已经开始出现。随着文化市场的不断开放，经营性文化活动不断兴起，人民群众对文化消费的需求日益高涨，开创了文化领域发展的新格局。

20世纪90年代中期，我国的彩电产业出现了快速的发展。当时，我国已有98家彩电生产企业，国产品牌彩电年产量达到了3500万台，自此稳居世界首位。随着电视进入人民群众生活并逐步普及，诸多新闻、广播、电视媒体探索出多种艺术表现形式、艺术展演风格和艺术创作方法，创作了一大批内容与形式高度统一的艺术作品，深受人民群众的喜爱。

3.“体制改革和拉动消费”的创新阶段

2005年，自“公共文化服务”这一概念被提出后，公共文化服务就得到了人们的认可。它旨在满足人们对文化活动、文艺作品、知识传播等方面的需求，促进社会全体成员的文化参与和享受。公共文化服务的提出，意味着把满足人民群众对文化的需求作为国家和社会的责任，旨在为广大人民群众提供广泛、普惠、高质量的文化服务。

数据显示，2008 年全国博物馆数量 1722 座，全国文化事业投入达到 248.05 亿元，文化文物部门管理的公共博物馆、纪念馆等逐步对民众免费开放，当年全国免费开放场馆达 500 余家。之后，图书馆发展进一步繁荣，建筑面积和场馆等级也得到了前所未有的提升。

在过去的几年里，中国政府和社会各界致力于推动公共文化服务的发展，加大了对文化事业的投入和支持力度。通过政策引导和项目实施，公共文化服务进一步健全和完善，为人民群众提供更加多样化和优质的文化产品和服务，促进了全民文化素质的提高和社会文化的繁荣。

三、全民共享，消费升级

在过去的几十年，我国取得了显著的经济发展和社会进步，为人们创造了更好的物质生活条件和生活环境。随着人们生活水平的提高，不难看出，人民群众有更加多样化、特色化、个性化的精神层面的追求。

为了满足人们对物质生活与精神生活双重提升的需求，中国加大了对教育、文化、健康、环境保护等领域的投入，推动了社会文明和人的全面发展。

总的来说，中国经过几十年的稳定发展，在解决温饱问题和全面建成小康社会的目标中，人民对美好生活的需求已经超出了物质层次和范畴。人们开始追求物质生活与精神生活的双重提升，国家也积极回应这一需求，并采取一系列措施和政策来推动社会的全面发展和人民幸福的实现。

1. 政策出台更为密集

2017 年 2 月，原文化部出台《文化部“十三五”时期文化发展改革规划》，指出要推动文化与其他领域融合发展，努力实现高质量、高效率的发展。2018 年 3 月，国务院组建文化和旅游部，推动文化与旅游融合发展。对于加快文化兴市、生态立市战略的实施，促进优秀传统文化的传承创新，形成文化旅游新业态，推动旅游和文化事业的共同发展、转型升级都具有重要意义。

2. 加速服务网络的构建

加速服务网络的构建，是指通过技术和基础设施建设，提升网络传输速度和服务质量，以满足人们对快速、稳定、高效网络服务的需求。加速服务网络的构建是一个综合性的工作，需要在网络基础设施、技术标准、政策法规等多个层面进行协同推进，以提供更快速、可靠的网络服务。

3. 人民参与态势向好

随着基本公共服务均等化指标的逐步提高，体现出政府对公共文化服务的重视和投入。这些指标是衡量公共文化服务均等化水平的重要标志，其提升反映了公共文化服务的普及程度和公众享受文化服务的机会。

公共文化服务均等化的提升有利于促进社会公平，提高人民的文化素养和生活质量。综上所述，文化发展走了一条从无到有、从有到优的道路，它凝聚着中国精神，续写着中国故事，承载着中国勇气，美化着中国生活。

国内外公共文化服务的研究现状

随着经济发展和物质生活水平的不断提升，人们开始越来越注重精神文化方面的需求，对公共文化服务建设提出了新的、更高的要求。从目前来看，我国的文化建设还比较落后，文化体制改革也相对滞后。

一、国外的研究现状

在国外，对于公共文化服务的研究有两个侧重点：其一，介绍当代西方文化政策的发展概况；其二，阐述当代公共行政和管理理论对公共文化管理的影响。丹麦学者彼得·杜伦德认为，文化政策是通过政府或其他机构提供经济、法律、组织等方面的支持。在特定的历史环境下，文化政策不仅仅是为艺术提供资源和支持，更是涉及权力、意识形态和社会变革的政治问题。

1. 从“新公共管理理论”到“新公共服务理论”的发展

“新公共管理理论”的提出，对于提升公共管理的有效性具有积极意义。它重在强调多元参与和协同合作的原则，有助于充分调动各方的智慧和力量，提高公共决策的质量和效果。同时，通过引入市场化的管理手段，可以推动公共管理的改革和创新，提高资源配置的效率和公正性。然而，实施公共治理理论也存在一些挑战和问题，包括利益协调、权力分配、责任界定等方面的复杂性。因此，政府在推行公共治理理论时不仅要充分考虑实际情况，权衡各方利益，还要建立有效的协调机制和监督体系，确保公共管理的有效性和公正性。

2. “公共文化服务”的模式

20 世纪中叶以后，西方发达国家的公共文化服务体系经历了一系列发展和变革，形成了不同的公共文化服务模式。这些模式受到各国历史、国情和文化差异的影响而产生。以下是三种常见的公共文化服务模式：

第一种是政府主导模式。政府通过设立文化机构、提供基础设施和资金支持等手段，承担起文化事业的责任和义务。在这种模式下，政府在文化政策中扮演着重要的角色，既是政策制定者和资金供应者，也是生产安排者。政府的介入和支持有助于推动艺术文化事业的发展，促进文化的多样性和繁荣。

第二种是市场驱动模式。市场驱动模式下公共文化服务的提供更加依赖于市场机制和私营部门的参与，政府的角色相对较小。这种模式有助于提高效率、促进创新和灵活性。此外，市场驱动模式强调供求关系和市场竞争，注重市场机制的调节和资源的有效配置。政府在这种模式下更多地扮演监管和规范市场秩序的角色，以确保文化市场的公平竞争和社会效益。

第三种是公私合作模式。公私合作模式融合了政府主导和市场驱动的元素，通过公共和私人部门之间的合作来提供公共文化服务。这种模式能够充分利用公共和私人部门的资源和优势，促进文化服务的多样性和创新性。

需要强调指出的是，这些公共文化服务模式并不是严格互相排斥的，不同国家和地区可能会采用多种模式的组合。随着社会和经济的变化，公共文化服务的模式也在不断演变和调整，以适应新的需求和挑战。

二、国内的研究现状

自“公共文化服务”这一概念提出之后，我国学者对其内涵进行了深入研究，并在国内取得了丰富的成果。在研究公共文化服务的过程中，学者们从不同角度对其实施主体、服务目的、服务模式，以及性质等方面进行了界定和讨论，丰富了公共文化服务的理论框架。通过对公共文化服务的研究，可以更好地理解公共文化服务的价值和意义，为推动公共文化服务的发展提供理论和实践支持。不难发现，目前学术界关于公共文化服务的理论研究主要集中在以下三个方面：

1. 公共文化服务体系构建的主体研究

首先，政府发挥主导作用意味着政府在公共文化服务中承担领导和管理的责任，以确保其具有鲜明的公益性和社会教育功能。政府在公共利益和社会发展的背景下，通过政策制定、资源调配和法律法规制定等手段，承担起引导和推动公共文化发展的责任。

其次，公共文化服务体系的建设需要社会的积极参与，以形成多元化的供给模式。公共文化服务不仅仅依赖于政府的资源和投入，还需要发动社会各方力量的积极参与，包括非营利组织、企业、社区和个人等。社会参与的多元性有助于提供更加丰富多样的公共文化产品和服务，满足人们多样化的文化需求。

通过政府的主导作用和社会的积极参与，公共文化服务体系能够更好地满足社会的公共需求、促进文化的多样性和传承、促进社会凝聚和发展。这种多元化的公共文化服务体系供给模式有助于打破单一主体的垄断，提高公共文化服务的质量和效率，更好地满足人民群众的文化权益和精神文明的需求。

2. 政府公共文化职能问题的研究

为了在社会主义市场经济条件下有效管理和提供文化服务，政府对文化的管理和服务职责应做好以下三个方面：第一，政府应该制定长期的战略规划，包括明确文化政策目标、发展方向和重点领域，并制定相应的政策措施，促进文化产业的繁荣和发展。第二，制定法规和政策，包括规范文化产品的内容、质量和发行方式，维护消费者权益。第三，为企业提供及时和必要的服务，包括提供便利的注册和审批程序、优惠的税收政策、知识产权保护和扶持政策等。

3. 农村及弱势群体的公共文化服务建设的研究

在目前的现实条件下，农村地区的文化发展仍然相对薄弱，需要政府提供完善的文化政策与服务，以促进农村地区的文化发展，提升人民群众的文化素质和生活品质。以下是在农村文化发展方面，政府可以采取的一些措施：

首先，要加大投入力度，这将有助于改善农村文化设施的基础条件，提供更多的文化活动和服务，满足农村居民的文化需求。其次，完善政策支持，促进农村文化产业的发展，吸引更多文化从业者和机构到农村地区开展文化活动。再次，建设文化设施，可以提供农村居民接触文化的场所和平台，丰富文化资源，提升文化水平。最后，加强人才培养，加强农村地区文化人才的培养和流动，提升农村地区文化事业的专业水平和素质。

通过上述措施，政府可以提供完善的文化政策与服务，创造有利于农村地区文化发展的环境，促进人民群众的文化素质提升和精神文化生活水平的提高。

第二章　公共文化服务的政策及演变

第一节　传统的公共文化服务供给

新中国成立后，政务院成立了“政务院文化教育委员会”，将文化和教育活动纳入一个机构的管理范围。随后，政务院发布了《关于调整省、市人民政府文化行政机构的决定》，这一决定实现了文化管理与教育管理的分离，明确了文化行政机构的职责，并将其纳入了政府机构序列。

这样的调整和整合在一定程度上确实体现了国家对文化工作的统一管理，以及对地方政府的指导和监管。通过建立严密的组织体系网络和行政隶属关系，文化部能够直接管理全国的文化工作。此举在一定程度上确保了文化工作的统一规划和执行，并有助于提高工作效率和协调性。需要注意的是，文化管理的集中和整合并不意味着国家对整个社会的严格控制和高度整合。

传统的公共文化政策演变

文化部门作为政府机构，其服务性社会组织性质和政府职能之间存在一定的平衡和互动。在实践中，文化部门既有促进文化繁荣发展的责任，也要确保社会和政治秩序的稳定，这两者之间的关系需要综合考虑和平衡。其职能使其在社会发展和文化建设中发挥重要作用，同时也需要在公共利益和社会自主性之间找到平衡点。在这一时期，我国对文化事业的政策可以分为三个阶段来分析：

一、新中国成立初期

在 1949—1956 年的这几年里，为了能够迅速恢复国民经济，我国一直在积极地为向社会主义的过渡做着充分的准备。在这一阶段，政府在文化事业的发展上处于探索状态。对于有些行业，比如，报纸行业，政府并没有完全介入，而是在一定程度上让市场的力量来发挥作用。

同时，由于特殊的历史背景，这一阶段我国的主要任务是发展经济，以巩固新中国的建立。虽然文化事业及基建（基本建设）的投入不高，但是在很短的时间内，我国的公共文化依然得到了快速的发展，群众的文化生活也得到了不断的丰富。经过几年的努力，我国初步形成了新民主主义的文化体系，并为社会主义文化建设创造了必要的条件。

二、社会主义建设十年

1956—1966 年被称为我国全面建设社会主义的十年，这一时期是中国特色社会主义建设的重要阶段，也是我国在探索中前进的十年。这个时期，我国对社会主义时期的文化政策进行了有益的探索。其中最重要的是提出了“百花齐放，百家争鸣”的文化方针，简称为“双百”方针。

“双百”方针极大地调动了广大文艺工作者的热情和积极性，这是文化在新中国成立后的第一次快速发展。在当时的历史背景和条件下，高度集中的计划经济体制决定了国家对文化经济实行统包统揽的政策。从 1949—1965 年的这十几年里，中国的文化事业得到了高度重视和规范发展，也对日后的文化工作和管理起到借鉴意义。

三、“文革”十年

在1966—1976年的这十年里，我国进入了“文革”时期。在这十年间，政府先后颁布了十多条相关文化政策，其中最主要的有以下四条：1966年1月，中共中央批转文化部党委《关于进一步降低报刊图书报酬的请示报告》，这一政策针对报刊图书的报酬问题做出指示，旨在进一步降低报刊图书的成本，以提高文化产品的普及率和可获得性。1972年12月，文化部颁布《关于图书版本记录的规定》，该规定旨在规范图书版本的管理和记录，确保图书版本的准确性和可追溯性。1973年4月，国务院批转轻工业部、外贸部《关于发展工艺美术生产问题的报告》，涉及工艺美术生产的发展问题，强调了对工艺美术产业的支持和促进。

经过十年的“文革”，我国的文化事业受到了束缚。但是，从当时的文化事业财政投入或文化事业基建投资来看，财政对文化事业的支持力度呈现出增加的趋势。

据统计，在“三五”和“四五”这两个时期，文化事业的财政投入相对较低，分别为10.36亿元和15.36亿元，占财政总支出的比重分别为0.41%和0.39%。在这个时期，中国面临着社会、政治和经济的巨大变革，文化事业的发展相对较为缓慢。因此，文化事业的财政投入相对较低，占据了较小的比重。

然而，虽然财政投入相对较少，但在这个时期，中国的文化事业仍然取得了一些进展。在这些年里，文化事业改革和发展的重点主要集中在社会主义精神文明建设方面，比如，大力推动群众文化、优秀文艺作品的创作和传播，促进了文化教育和科研的发展等。

传统的公共文化政策特点

1. 公共文化服务供给实行统包统管

新中国成立后，形成了一种高度集中的计划经济体制。政府掌握着社会资源，并通过行政指令进行资源配置。这种体制也影响了文化事业的运作。文化事业单位在按照政府指令或计划进行文化生产时，政府成为文化管理和文化产品生产的主导。

不仅如此，党和政府将文化产品的生产和供给，以及满足人民群众的文化需求，视为重要的职责。在计划经济体制下，文化服务的规划、生产和管理职能由中央延伸到乡村社会的文化部门来统一承担。这种严格的科层制文化供给模式的确存在行政的干预。国家在强调文化服务的计划性和管制性的同时，也会忽视其满足公众精神文化生活需求的社会属性。

2. 文化资源配置处于低效率状态

正是文化事业发展得十分缓慢，导致社会总供给严重不足。因此，这一时期的公共文化服务水平十分低下，尤其在农村或偏远地区更是捉襟见肘。

在计划经济时期，中国政府通过单位进行资源集结和推动社会经济的发展，形成了一个类似于“大工厂”的国家体系。这个体系中的文化部门可以被看作是其中的一个生产车间。在这个体系中，政府依据专业分工的原则，建立了文化系统、广播电视系统、新闻出版系统、文物系统等行业系统。每个行业系统有相应的组织架构，包括党委与政府、政府与行业、行业与基层单位之间的组织关系。

这种计划组织模式意味着政府对各级文化部门和机构进行指令和有计划的领导和管理。党委和政府负责制定政策和指导方针，行业部门负责具体实施，基层单位则执行上级指令并推动文化服务的落实。在这样的模式下，文化系统和其他行业系统一起，按照计划进行组织、生产和管理。政府通过计划安排和指令管理，调动各级单位的人力、物力、财力，推动文化事业的发展和满足人民的文化需求。

然而，随着改革开放的进行，中国的经济体制和社会制度发生了重大变革，逐渐走向市场经济和社会主义市场经济。在这个过程中，政府的角色也发生了变化，鼓励市场力量的发挥和社会的参与，以更好地满足公众的文化需求。因此，过去的计划组织模式正在逐渐演变和调整，向更加市场化和社会化的方向发展。

第二节　转型的公共文化服务供给

20 世纪 80 年代末到 90 年代初，在经历了政治和文化震荡之后，我国的文化发展呈现出日益多元化、价值观冲突和碰撞日益显著的局面。在公共文化服务供给的转型时期，政府开始积极考虑如何在尊重文化发展规律的前提下对中国的文化发展进行一系列积极引导和宏观调控。

转型的公共文化政策演变

在这一时期，我国文化体制改革的步伐明显加快，开始从“直接管理”向“间接管理”、从“办文化”向“管文化”、从“小文化”向“大文化”转变。之后，在《中共中央关于加强社会主义精神文明建设若干重要问题的决议》中提出要加强文化体制改革，提高文化事业质量和效益，满足人民群众日益增长的精神文化需求。

在这一时期，中国文化体制改革的步伐加快，主要表现在以下三个方面：第一，从“直接管理”向“间接管理”的转变。这一转变旨在鼓励市场力量和社会组织的参与，提高文化产业的自主创新能力，推动文化产业的发展。第二，从“办文化”向“管文化”的转变。这样的转变促进了文化事业的多元化和市场化发展，增加了文艺创作的自由度和多样性。第三，从“小文化”向“大文化”的转变。随着改革的推进，人们开始关注和重视民间文化、地方文化的保护与发展，扩大了文化的内涵和范围，实现了文化多元共生的局面。

同时，决议中还强调了发挥市场机制的积极作用，通过市场导向的方式，鼓励文化企业和机构逐步形成自主、自负盈亏的经营模式，逐步形成国家保护重点、鼓励社会兴办文化事业的发展格局。以上这些目标、任务和基本方针，不仅为中国的文化体制改革提供了重要的指导思想和政策措施，对推动中国文化事业的发展也起到了积极的作用。

一、中国特色社会主义文化的提出

1991 年 7 月 1 日，“中国特色社会主义文化”这一概念被提及。中国特色社会主义文化是指在中国特定的历史背景下形成的，是一种具有独特中国特色和社会主义价值导向的文化体系。这一概念主要强调在社会主义建设和现代化进程中，文化的发展和繁荣是至关重要的。中国特色社会主义文化的形成和发展是中国特色社会主义事业的重要组成部分，旨在培养和践行社会主义核心价值观，推动中国社会的发展和进步。

在 1992—1993 年的这两年里，不仅确定了社会主义市场经济体制的改革方向，也提出了“积极推进文化体制改革，完善文化事业的有关经济政策，繁荣社会主义文化”的要求。这些初步的阐释为中国特色社会主义文化纲领的制定提供了基本框架，旨在引领中国特色社会主义文化的发展，推动中国特色社会主义事业的进步。

二、中国特色社会主义文化纲领的确立

相对于改革开放前“统包统揽”的政策而言，党和国家在改革开放这一背景下对文化产业的政策主导是推进改革的深度与力度。这一时期的改革，不仅遵循了文化发展的内在规律，也充分发挥了市场机制的积极作用，使得我国的文化产业呈现出蓬勃发展的局面。

转型的公共文化政策特点

在我国转型时期，公共文化的投入主体依然是由政府来承担的，而社会资本的投入相对较少。这种模式在当前社会资本流动加快、居民需求多样化的背景下面临一些挑战和困境。

首先，公共文化供给模式主要依赖政府投入存在一些局限性。政府投入的资源有限，而民众对于文化的需求不断增加，特别是更多元化、个性化的需求。单纯依靠政府的投入难以满足这些多样化需求，导致供给与需求之间的失衡。

其次，社会资本的投入对于公共文化的发展至关重要。社会资本包括企业、社会组织、个人等多个主体，它们具备丰富的资源、专业知识和创新能力。社会资本的积极参与可以丰富公共文化的内容和形式，提高文化产业的活力和创造力。

一、供给方式多样化

随着国民经济的发展，我国财政收入有着长足的增长，对公共文化的投入也在逐渐提高。此外，正是公共文化投入的运行，才使得体制内的基层文化单位获得了优先权。

在公共文化投入方面，由于政府是主要的投入主体，体制外的民营文化机构通常难以获得政府的支持，导致它们处于不利的竞争位置。同时，公共

文化机构也利用这种机会优势，增加了民营文化机构的市场准入门槛，使它们面临更大的困难。这种局面导致了社会文化机构的萎缩现象，这对于文化多样性和创新是不利的。

当公共资源无法满足公共文化投入的需求时，为了弥补资金缺口，一些公益文化项目被推向市场。然而，由于缺乏市场的敏感性和商业运营的经验，这些项目面临着一系列的挑战，有时难以持续运营。这使得有限的公共文化资源无法充分发挥作用，变成了一种表面上的“摆设品”。

20 世纪 90 年代以后，中国开始实施市场经济体制改革，这为经济的快速发展和物质生活水平的提高奠定了基础。随着经济的发展和人民收入的增加，人们对文化的需求也逐渐增长。在这个过程中，大众不再局限于基本的物质需求，而更加注重精神层面的满足。人们追求多样化、个性化和优质的文化产品和服务，这就推动了中国民俗文化空间的快速成长。

二、供给效率低下

在市场经济条件下，许多文化单位面临着经费来源的压力。它们需要依靠票务销售、文化产品销售、赞助和合作等方式来创造收入。一些原本注重传承和推广传统文化的公共文化服务可能被忽视，而被更注重商业价值的文化产品和服务取而代之。

因此，公共文化服务的持续萎缩和提供的总量减少确实是一个值得担忧的问题。这可能导致公众对文化的需求得不到满足，特别是涉及少数民族文化、地方文化和传统文化的传承和推广。同时，这也可能削弱文化的多样性和创新性，影响社会的整体文化素质和身份认同。

为了解决这一问题，政府和相关部门可以采取措施来保护和促进公共文化服务的发展。这可能包括增加对公共文化单位的财政支持，鼓励社会资本参与文化事业，制定相关法律和政策来保障公共文化服务的地位和发展空间等。这样可以更好地平衡市场需求和公共文化服务的提供量，以满足人们对文化的多样化需求。

此外，体制改革本身也意味着打破旧的利益格局。当然，对旧利益格局并不是一次性打破，而需要分阶段进行。由于渐进式改革的时间跨度大、进程慢，所以这种混合的格局将会存续相当长的时间，形成一个过渡性利益格局。在这种过渡期间，旧有的利益集团可能继续保持其影响力和利益，新的利益格局也逐渐形成。这些既得利益集团可能是建立在过去的制度、体制或产业格局上的，使他们能够在转型期中保持相对稳定的地位。

随着改革不断推进和社会转型的深化，这种过渡性利益格局往往是暂时的，它为新的利益格局的形成和发展提供了一个过渡时期。尽管在渐进式改革的过程中可能存在过渡性利益格局和既得利益集团的影响，但通过持续的改革和制度建设，社会将朝着更加公平和包容的利益格局发展，并逐步消除不合理的既得利益差距。

第三节　新时期的公共文化服务供给

21 世纪以来，中国在经济、社会和文化方面都取得了显著的进步和发展。从经济增长方面来看，市场经济的改革和开放政策为各个行业提供了更大的发展空间，包括文化产业在内。从文化事业发展方面来看，我国政府高度重视文化事业的发展，推动文化体制改革和文化产业的繁荣，文化设施建设也在不断加强。

随着经济的发展，中国人民的物质生活水平不断提高。人们的收入增加，消费能力增强，对文化产品和服务的需求也随之增长。社会各个阶层的群众更加关注文化领域，对电影、音乐、文学等艺术的参与和欣赏程度逐渐提高。商业化对公共文化服务的提供、城乡差距的存在，以及文化多样性的发展等方面的影响，是当前需要关注和解决的问题。

新时期的公共文化政策演变

在公共文化服务体系构建的过程中，各地逐步恢复了公共文化设施的公共属性，这是一个重要的步骤。这就意味着政府对文化场所的管理和运营承担更多责任，以确保公众能够充分获得艺术和文化的福利。

通过恢复公共文化职能，一些文化建筑也开始成为地区的标志性建筑，成为社区活动和庆典的场所。同时，标志性建筑的存在可以促进文化交流和跨地域合作，吸引来自其他地方的艺术家、文化团体和观众。

一、公共文化服务体系的提出

中国社会在现代化转型过程中面临着许多独特的问题和挑战。在经济快速发展的同时，出现了一些社会问题和矛盾，例如，城乡差距、收入分配不均、环境污染等。为了应对这些问题，党和政府提出了三大主题思想：全面建设小康社会、科学发展观和构建和谐社会。

全面建设小康社会是中国特色社会主义经济、政治、文化全面发展，这一思想指出，经济的发展应该与社会发展和人民生活的改善相结合，使人民共享发展成果。科学发展观强调以人为本、全面协调可持续发展。它主张中国发展应该不仅仅追求经济增长的速度，还要注重经济增长的质量、环境保护、社会公正和人民的福祉。构建和谐社会是为了解决社会矛盾，促进社会公平正义、社会和谐稳定地发展。这一思想强调社会各阶层的利益协调和社会治理的完善，推动社会进步和人民幸福。

在这些主题思想的指导下，中国提出了构建“服务型政府”的目标。这意味着政府要更加注重公共服务，关注人民群众的需求，提供高效、便捷、公平的公共服务。公共服务文明理念的倡导是为了推动政府从行政型向服务型转变，加强政府与人民之间的联系和互动。通过加强公共服务的建设，中国政府致力于提高教育、医疗、社会保障、就业等领域的公共服务质量和加大覆盖范围，改善人民的生活条件和增进人民福祉。因此，公共服务的文明理念已成为中国党政系统的自觉意识，为建设富有活力、公正、透明、服务人民的政府提供了指导和动力。

二、"文化强国"战略的提出

2011 年 10 月 15 日，中共十七届六中全会通过了《中共中央关于深化文化体制改革、推动社会主义文化大发展大繁荣若干重大问题的决定》，提出了中国对文化产业的发展和文化体制的深化改革的重要举措。

这个决定的通过反映出党和国家高度重视文化产业的发展和文化建设。它指出，文化建设是国家的重要任务，是社会主义事业的重要组成部分，也是国家软实力的重要表现。在这一决定的指导下，中国加大了对文化产业的支持力度，提出了一系列重要举措和政策，推动了文化产业的蓬勃发展。

此外，中国还致力于推动文化体制改革，打破行政管理体制的束缚，鼓励社会力量参与文化事业，并推动公共文化服务体系的建设。这些举措促进了文化产业的快速发展，提升了中国文化的软实力和国际影响力。同时，文化产业的发展也为经济增长提供了新动力，为推动创新驱动发展、提升人民群众的文化获得感和幸福感做出了积极贡献。

在这个文件中，首次提出了"文化强国"的理念，将文化事业的发展上升至一个从未有过的高度。并明确提出要深化文化体制改革，强调了文化管理体制的健全和市场机制的发挥，意味着对文化产业进行市场化改革，鼓励社会各界参与文化创作、生产和经营。同时，也能够丰富人民群众的精神文化生活，提升国家软实力和文化影响力。这一决定对于推动中国文化事业的持续健康发展具有重要意义。

新时期的公共文化政策特点

新时期，是中国公共文化服务从站起来到富起来的一个过程。尽管我们在公共文化服务供给的思想、管理方式和筹资模式上都做了充分的准备，也有着良好的基础条件，但是，随着日新月异的时代要求和逐渐加大的国际竞争，我们还要继续面临更多的考验和更多的新问题。

一、文化的大众化

20 世纪 80 年代是中国大众文化兴起的重要时期。在这个时期，中国开始逐渐实行改革开放政策，市场经济的发展催生了大众文化的兴起。

大众文化是指基于现代媒介和大众传播手段，以通俗易懂的形式表达和传递文化内容，是一种面向广大群众的文化形态。相对于传统的高雅文化和精英文化，大众文化更加注重普及性、娱乐性和大众化。它以大众的审美需求和消费习惯为导向，为普通公众提供易于理解和接触的文化产品和娱乐活动。

大众文化在中国的兴起与社会变革和经济发展密切相关。随着改革开放的推进，中国社会经历了快速的城市化和现代化进程，人们生活水平提高，消费习惯和文化需求也发生了变化。大众文化以其通俗、供人娱乐的特点吸引了普通公众的关注，成为满足群众文化需求的重要途径。

大众文化为市场经济的运行和发展提供了重要的文化基础。它促进了文化产业的快速发展，创造了大量的就业机会，推动了文化市场的繁荣。通过商业化的运作方式，大众文化形成了一个庞大的产业链，涵盖了电影、电视剧、音乐、出版物、游戏、演艺等多个领域，为经济增长提供了新的动力。同时，大众文化也促进了社会交流和文化交流的加强。

综上所述，大众文化的兴起在中国为市场经济的发展提供了重要的文化基础，满足了广大群众的文化需求，促进了经济的繁荣和社会的进步。它成为中国社会文化系统中的一个重要组成部分，对整个社会产生了深远的影响。

二、文化的网络化

众所周知，互联网是一个跨国界、跨文化、跨语言的以信息为主的全新虚拟空间，使整个社会生活发生了革命性的变革。那么，何谓网络文化呢？网络文化是指通过互联网和数字技术媒介所形成的一种文化形态。它以网络为基础，通过在线平台和社交媒体等工具，实现了信息交流、内容创作、社群互动等活动，成为现代社会中重要的文化现象。

在网络文化发展的现实中，积极利用和有效管理互联网是至关重要的，它对社会主义文化事业和文化产业的健康发展、国家文化信息安全和长治久安，以及中国特色社会主义事业的全局产生了深远影响。这就需要政府、社会各界，以及互联网企业的共同努力，建立健全的法律法规和管理体系，推动互联网成为公共文化服务的新平台，以实现互联网的良好发展与社会主义事业的繁荣进步。

三、文化的结构性失衡

公共文化资源空间配置的结构性失衡是一个普遍存在的问题，在中国社会发展中也是如此。这种失衡主要表现在城乡之间和区域之间存在明显的差异，影响了公共文化资源的均衡供给和人民群众的文化权益。

这种结构性失衡在当今社会已经引起了广泛关注，并且相关部门和组织也在努力改善这种状况。政府通过制定相关政策和规划，加大对农村地区和中小城市文化设施的投入和建设，提升公共文化资源供给的均等性。同时，一些社会力量也积极参与公共文化资源的配置中，推动城乡和区域之间的文化交流与共享。

然而，要实现公共文化资源空间配置的均衡，还需要在政策制定、财政投入、资源调配、人才培养等方面做出更多的努力，确保公共文化资源的普及和公平性，使每个人都能够享受到高质量的文化服务和资源，这是构建和谐社会、促进社会全面进步的重要任务之一。

从行政层级上看，资源分布常呈现“倒金字塔形”。这意味着高层级的文化机构、大型图书馆、国家级博物馆等拥有更多的资源和资金，相对容易获得政府支持和关注。在这一时期，公共文化不仅表现出了大众化、网络化等特点，还出现了文化的结构性失衡。再加之转型时期沉淀下来的一系列问题，使得我国公共文化服务的供给模式及路径选择面临更多新的挑战。

第三章 “互联网”与公共文化服务发展

第一节 “互联网+”时代公共文化服务的变革

19世纪后期，“公共文化服务”这一概念被德国政策学派代表人瓦格纳提出。他主张政府应该积极参与社会事务，不能仅局限于行政管理和国防等传统职能，也应该关注民众的文化需求并提供福利。

至今，公共文化服务仍然是许多国家和地区在文化领域重视的方向之一。通过公共财政的支持和政府的积极参与，各种公共文化机构、图书馆、博物馆、剧院等可以为公众提供平等和普遍的文化资源和服务，进而推动文化的普及和发展。

公共文化服务供给模式

在这一时期，一些发达国家开始对公共文化服务的供给模式进行探索，并形成了许多成熟的模式，大致可以分为三种：

第一种，政府主导模式（以法国为代表）。该模式认为政府应承担生产和提供公共文化服务的职责。第二种，民间主导模式（以美国为代表）。该模式认为市场机制应在公共文化服务的供给中发挥主导作用。第三种，合作共建模式（以英国为代表）。该模式强调政府与民间共同参与公共文化服务的建设和管理。

如果说文化设施是实现公共文化服务的硬件，那么理念、价值观和基本职责就是它的软件。近年来，我国各地政府加大了对文化的投入力度。特别是中西部地区经费，无论从增加额还是增长速度来看，都有较大幅度的增长。随着各地区政府公共文化投入的不断增长，政府公共文化服务供给能力肯定会呈现出长足增长的趋势。同时，为了加强宣传和推广，各地先后兴建了大批公共文化设施，丰富并活跃了群众的文化生活。

各级地方政府在认识到公共文化资源空间配置的结构性失衡问题后，逐年加大了对公共文化服务的投入力度。这体现了政府对公共文化发展的重视和对公众文化需求的关注。在加大对公共文化设施的建设投入时，确保公共文化设施的建设与公众公共文化服务紧密结合是非常重要的。

此外，政府在加强对公共文化设施的管理和监督时，需要制定相关政策和规定，确保设施的资源得到充分利用。管理部门可以与文化机构、社区组织等合作，制订有效的管理方案，提供专业化的文化服务。同时，加强监督和评估工作，及时发现问题并进行改进，提高公共文化服务的质量和效果。最终，通过加大对公共文化服务的投入、建设和管理力度，政府可以实现公众的文化权益，促进社会的文化发展和进步。

“互联网 +”与公共文化服务供给模式

在互联互通、共建共享的模式下，公共文化服务的在线化、数据化成为“互联网 +”的本质。无论是在家中通过电脑、手机等终端，还是在文化设施内通过无线网络，公众都可以随时随地获取到丰富的文化资源和服务。互联网的发展打破了传统文化服务的时间和空间限制，为公众提供了更广泛、多样化的文化体验和服务。互联网技术的迅猛发展和普及，为公共文化服务带来了巨大的变革和发展机遇。

一、“互联网 +”与公共文化服务的供给主体

自20世纪90年代以来，互联网的使用对艺术和文化产品，比如，电影、书籍、展览、博物馆等产生了很大的影响。从一定程度上说，互联网的快速发展提升了公共文化服务的效能，社会大众可以便捷地利用网络移动终端来获取相关的文化服务信息。

数字化网络技术的使用，不仅降低了合作伙伴之间的成本，也推动了网络化组织模式的发展。无论是在本地还是跨国跨地区，互联网的普及使得各个组织和个人可以更加方便地进行信息交流、合作和协作。通过互联网平台，公众可以从众多的在线文化资源中自由选择和获取他们感兴趣的内容和服务。

此外，数字化网络技术的使用也促进了公共文化服务的开放性和参与性。通过在线平台，公众可以更加自由地参与文化活动和表达意见，与其他公众进行交流和互动，推动文化的共建共享。这种趋势为公共文化服务的多样化、个性化和开放化提供了更广阔的发展空间。

正是在这种背景下，“互联网 +”连接了公共文化服务的供给运营方和生产方，改变了文化资源的供给渠道。这就意味着公共文化服务的供给主体既可以是资源的提供方，同时也可以是资源的接受方。

二、“互联网 +”公共文化服务的供给构成

公共文化服务的场所主要有公共图书馆、群众艺术馆、文化馆（站）、博物馆、美术馆、工人文化宫、青少年宫、各类文化中心及公共电子阅览室服务点等。这些公共文化服务场所的设立和运营，旨在满足公众对知识、艺术和文化的需求，促进文化的交流、传承和创造。

此外，“互联网 + 图书”“互联网 + 歌剧院”“互联网 + 青少年宫”“互联网 + 戏剧院”等，不仅是公共文化服务“互联网 +”化的表现形式，也是“互联网 +”公共文化服务的供给构成。① 它们不仅提供了丰富多样的文化资源和服务，还成为人们汲取知识、欣赏艺术和参与文化活动的重要场所。

此外，在供给构成的实现手段上，“互联网 +”公共文化服务主要包括运用电脑、手机及其他移动电子设备等获取服务平台，比如，腾讯的微信、QQ 等社交平台，阿里巴巴的淘宝、支付宝等交易平台，百度的搜索平台，以及优酷、豆瓣等各类垂直领域的内容服务或媒体服务。

以当代图书馆为例，由于多样化的多媒体数字技术在迅速扩散，改变了它们的社会角色和功能。互联网技术改变了传统图书馆的资源和服务，图书馆也不再仅仅局限于打印资料和传统的图书馆服务，还可以以电子格式传播资源信息。不仅如此，用户还可以通过使用通信手段来保持与最新的信息的连接，并根据他们的需求进行学习和研究。

三、“互联网 +”公共文化服务的供给机制

为了确保公共文化服务的顺利实施和运行，要做好日常的监督和管理工作。而借助“互联网 +”模式结合科学、合理的管理模式，可以实现公共文化服务的高效供给。“互联网 +”模式是将互联网技术与传统行业相结合，以提供更加便捷、高效的服务。②

一位学者指出，通过信息网络技术，公共文化服务可以更广泛地传播和传递给公众，使得公众可以随时随地访问和获取文化信息。同时，电子阅览室服务点和公共电子平台的建设也使得公众能够通过互联网进行在线阅读、研究和学习，极大地方便了人们获取信息和知识的渠道。

---

① 陈超 . 用“互联网 +”和“图书馆 +”成就全民阅读 [N]. 文汇报，2015-04-24.

② 纪锋亚 . 基于“互联网 +”思维的公共文化服务研究 [J]. 信息技术，2016（3）.

可以看出，想要有效提升公共文化服务效能，首先，采取高新科技改进公共文化服务模式是至关重要的，网络技术和移动通信技术的应用可以为公共文化服务带来巨大的变革。其次，通过新技术实现资源的整合和共享也是重要的一步。传统的公共文化服务机构往往分散在不同的场所，资源利用和分享的效率相对较低。

“互联网 +”推动公共文化服务的意义

自我国公共文化服务进入均等化发展的新阶段后，就呈现出了一种融合化发展的新态势。通过构建现代公共文化服务体系、创新供给方式和产业跨界融合发展，国家可以推动文化的普及性、多样性和便利性，提升公共文化服务的质量和影响力，满足人民群众对美好生活的多元化需求。

同时，互联网的应用也为公共文化服务的发展带来了新的机遇和挑战，需要不断创新和完善管理模式，确保公共文化服务的有效供给和良好运行，让更多的人享受到优质的文化服务，进而丰富人民群众的精神文化生活。

一、公共文化服务进入均等化发展的新阶段

党的十九大报告指出，要把完善公共文化服务体系作为一项重要任务。然而，想要尽快完成这项任务，就要努力下好供给侧结构性改革的“先手棋”。我国公共文化服务的工作重点就是均等化。

1. 城乡一体

城乡均等是公共文化服务均等化的首要内容。受城乡二元结构的影响，我国的公共文化服务在城市和乡村出现了两极分化的现象。城乡公共文化服务水平的落差，不仅反映了城乡经济社会发展水平的不平衡，同时也助长了城乡公共文化服务差别的持续扩大。

城乡公共文化服务的差异主要体现在三个方面：一是文化设施差异。一

些大城市地区配备了较为完善的文化设施，包括图书馆、博物馆、文化中心等，能够提供丰富多样的文化活动和服务。二是文化资源差异。导致了城市居民更容易接触到多元化、高品质的文化内容，而乡村居民的文化体验和感受有限。三是文化服务质量差异。由于城市地区的文化投入较多，许多公共文化服务的质量相对较高，而乡村地区的公共文化服务相对滞后，一些基本的文化服务需求难以得到满足。

这种城乡公共文化服务的差异不仅体现了城乡之间的发展差距，也反映了存在于经济、社会、人口等方面的城乡二元结构。总之，解决城乡公共文化服务差异问题是一项长期而复杂的任务，需要政府、社会各界共同努力，通过多种渠道和多种方式，促进城乡公共文化服务的均等化和可持续发展。

2. 区域均衡

区域均衡是指在一个国家、地区或城市中，各个地域之间经济、社会、文化等方面的发展程度相对平衡，避免过度集中或不平衡的状态。实现区域均衡是促进国家整体发展和社会稳定的重要目标。

我国区域经济社会发展水平差距较大，区域发展不平衡和公共文化服务不均等问题突出，不同行政区、不同组团区域公共文化服务存在着明显的差别。

3. 群体平等

在《关于加快构建现代公共文化服务体系的意见》中明确指出了保障特殊群体的基本公共文化服务的重要性。这些特殊群体包括老年人、未成年人、残疾人、农民工、农村留守妇女儿童等，他们都是社会中的弱势群体，需要特别关注和帮助。保障特殊群体的基本公共文化服务，既是为了满足他们的文化需求，提升他们的文化素养和获得感，也是推动社会文化全面发展和构建和谐社会的重要举措。

对此，各地方政府开始重视保障特殊群体的基本公共文化服务，通过

“量身定制”、立法等方式，有针对性地开展帮扶工作，重点保障这些特殊群体的基本文化权益。这种公共文化服务均等化的努力已经表现出趋势性特征，是构建现代公共文化服务体系的重要内容之一。

二、公共文化服务面临标准化发展的新任务

随着“互联网＋”的不断发展，公共文化服务的供给内容、供给手段和供给方式都发生了改变。同时，政府通过向社会力量购买等方式，促进了公共文化服务产品的持续多元优化。

不仅如此，通过公共文化服务与科技、其他产业形态的融合，可以实现文化资源的重新包装和创新，提供更多元化、个性化的文化产品和服务。这种融合也有助于推动文化产业的发展，促进公众对文化的参与和消费，丰富人们的精神生活。

1. 服务统一

服务统一，是标准化发展的基本方式。服务质量、服务方式和服务内容的变化，形成了集保障标准、技术和业务标准、评估标准于一体的标准化体系。在公共文化服务中，从“粗放式”向“精细化”的转变意味着在服务方式上更加注重细节和质量，并优化工作流程、职责范围和服务标准。

通过从“粗放式”向“精细化”转变，公共文化服务能够更好地满足公众的需求，提高工作效率和服务质量，确保服务的稳定性和可持续性。这种转变需要制定适当的管理标准和规范，并对工作流程、职责范围和服务标准进行优化和调整。最终，它可以为公共文化服务领域带来更好的发展和提升。因此，只有将先进的管理标准广泛应用到相对薄弱的区域和岗位，才能实现管理的可持续性和可复制性，推动整个组织的发展。

2. 监管规范

监管规范，是标准化发展的必然手段。我国的公共文化服务建设已经从“建设”阶段发展到“管理”的阶段，基础性建设已经基本到位或者

逐步到位。

现阶段，公共文化服务建设需要监管来维持。已经出台的《国家基本公共文化服务指导标准（2015—2020 年）》是我国公共文化服务建设标准化发展的基础，对于保障国家基本公共文化服务的持续优化具有重要意义，是保障国家基本公共文化服务持续优化的必要手段。

此外，这一指导标准对于推动公共文化服务建设的规范化、标准化，提高服务质量和水平，促进文化事业的繁荣和发展起到了积极的作用。为了更好地实现标准的落地和持续优化，适时进行修订和更新也是必要的。因此，各地区还要根据本地区的实际情况，制定相应的服务标准，尤其是专门针对城乡基层的指导标准，并借助互联网技术等实现有效监管。这是未来公共文化服务标准化建设的关键所在，绝对不容忽视。

3. 看齐国际

看齐国际，是标准化发展的目标愿景。在中国的公共文化服务领域，尚未形成较为完善的标准体系，这导致各级政府和公共文化服务机构在提供服务时存在一些问题，如缺乏底线标准、服务规范、行业指导等。

为了促进公共文化服务的发展，确保服务的质量和效果，建立和完善标准体系是非常重要的。通过制定标准、推广最佳实践、加强监管和评估，以及促进国际交流与学习，可以推动公共文化服务领域的发展，提高服务的质量和规范性。这将有助于满足公众的需求，促进文化产业的繁荣，提升国家文化软实力。

以图书馆为例，国际图书馆协会联合会（IFLA）发布的图书馆领域标准多达 116 项，其中各类服务标准达到 24 项，并涉及细分人群，而我国图书馆领域只有一项现行有效的服务类国家标准《公共图书馆服务规范》。因此，向国际先进经验看齐是我国公共文化服务标准化的目标和任务。

由此可见，“互联网 +”具有高连通性、高知识性、高增值性等特征，它已经成为推动社会发展和经济增长的重要力量。不过，随着互联网的快速发展，也需要加强监管和重视保护用户隐私等方面的工作，以确保互联网的发展。它可以利用现代信息通信技术和互联网平台，创造出新的社会发展形态。

第二节　公共文化服务供给模式的优劣

公共文化服务供给模式具有两面性：优势方面，创新了公共文化服务手段，提供了更多样化的文化娱乐形式，满足了人们多元化的文化需求，实现了公共文化资源的共享和互动。劣势方面，公共文化服务存在行政的约束性，限制了服务的及时性和灵活性，影响了公共文化服务的质量和可信度。

为了充分发挥公共文化服务的优势并解决其劣势，需要政府、文化机构、社会组织和公众共同努力，建立更加开放和创新的供给机制，加强监管和规范，确保公共文化服务的有效性和公平性。此外，还需要不断推动技术和政策的创新，促进公共文化服务与社会需求的适应性和互动性，以实现更广泛、更深入的文化发展。

“互联网 +”公共文化服务供给模式的优劣

“互联网 +”改变了公共文化服务的供给手段，使得公共文化服务更加便捷、多样化和可触达。居民可以利用互联网平台自由选择自己感兴趣的文化内容，并通过移动终端随时随地获取相关信息和资源。这种变革促进了公共文化服务的普及和民众的参与度，为文化交流和创造带来更多的机会和可能性。

一、“互联网 +”供给模式的积极作用

公共文化服务供给模式采用了互联网等信息化手段，推动了公共文化服务供给侧结构性改革，也推动了公共文化服务供给方式的改变。从其政策发力的方向可以看出，它充分体现了国家致力于推动社会领域与经济领域改革的同步进行，也坚定了提升公共文化服务质量的决心。其积极作用主要体现在以下四个方面：

1. 供给手段的不断创新

传统的公共文化服务供给模式是符合实际情况的。在这种传统模式下，公共文化服务被视为一种公共品，由政府负责提供和管理。随着互联网技术的发展和普及，“互联网 +”的模式逐渐崭露头角，对公共文化服务的供给方式产生了新的影响和变革。这就意味着，互联网技术运用到公共文化服务领域已经成为大势所趋。

2. 供给半径的有效延伸

根据国家构建公共服务体系的要求以及《关于加快构建现代公共文化服务体系的意见》，未来将在省、市、县、乡镇（街道）和村（社区）五个级别打造公共文化服务网络，以满足人民群众的文化需求。

通过建设五级服务网络，公共文化服务可以向更广泛的地区和人群延伸。省级文化设施和资源可以辐射到市、县、乡镇和村（社区），将高质量的文化服务传递到基层和农村地区。同时，“互联网 +”技术也能够使得城市和农村之间的文化服务不再存在差距，实现公平、普惠的文化供给。

3. 产品供给的不断丰富

传统的公共文化服务业主要涵盖以下方面：一是公益性文化体育产品的创作与传播，包括图书、报纸、期刊、音像制品、艺术作品等文化产品的创作和传播工作；二是公益性文化体育活动的组织与承办，包括各类文化节庆、文艺演出、体育比赛、展览、文化论坛等公益性活动的组织和承办工

作；三是公共文化体育设施的运营与管理，包括图书馆、博物馆、文化艺术中心、体育场馆等，为公众提供可持续、稳定的文化服务；四是民办文化体育机构提供的免费或低收费服务，包括艺术培训、体育训练、文化交流等。

这些传统的公共文化服务产品旨在满足人们对文化生活的需求，提升人们的文化素质，促进社会的和谐发展。随着时代的变迁和技术的进步，公共文化服务也在不断创新和演进，以适应人们不断变化的文化需求。

4. 供给效率的稳步提升

在改变公共文化服务供给内容、方式和空间范围的同时，“互联网 +”极大地提升了公共文化服务的供给效率，使服务更加便捷、多样化和参与性强。通过互联网技术，公共文化服务可以超越时空限制，覆盖更广泛的人群，提升服务的质量和效果。这对于促进文化传承、推动文化创新、满足公众需求具有重要的意义。

二、“互联网 +”供给模式的消极作用

从目前来看，由于我国在互联网技术应用和监管方面仍然存在着一些漏洞，监督管理和法律保障还不甚完善。更需要强调的是，公共文化服务供给的政府公共产品属性长期存在。因此，“互联网 +”在给公共文化服务供给带来积极作用的同时，也带来了一定程度的消极作用。

1. 供需不适性

供给和需求是一种双向反馈的循环，如同一枚硬币的正反面，缺一不可，密不可分。供需不匹配、不相适合，影响了服务供给的效果。因此，供给方和需求方应当协同合作，共同构建现代公共文化服务体系，才能形成多元化、高效便捷的公共文化服务体系，满足广大公众对多样化、平等、开放的文化需求。

2. 对象限制性

从形式上来看，由于服务供给主体有限，通过公共文化服务网络平台，

传统的公共文化服务产品得以数字化、网络化，并且更加开放和便捷，这样的创新形式满足了公众对文化的需求。然而，在个性化公共文化服务供给方面仍然存在一些留白。因此，公共文化服务网络平台虽然大众化程度高，但个性化和菜单式服务还有很多的不足之处。

3. 监管无效性

一直以来，公共文化服务监管和立法问题都是制约我国公共文化服务发展的突出问题。为了解决这些困难，我国已经采取了一些新的尝试和政策措施，比如，“补齐增量、开放业务、评价激励”的政策设计思路和“分类保障、分级分担、量化标准”的政策路径。这些政策设计思路和政策路径的目标是通过完善政策和制度，解决公共文化服务面临的问题和困难，推动公共文化服务的发展和提升。

现阶段，虽然互联网行业具有一定的监管手段和监管流程，但的确存在互联网公共文化服务监管模式不完善和后向评估缺失的问题。通过加强监管模式的完善和建立后向评估机制，可以更好地解决道德风险，并提高公共文化服务的质量和社会效益。

针对这一问题，一种解决途径是建立健全的公共文化服务监管体系，包括制定具体的监管规范、建立监督机制、加强执法力度等；另一种途径是通过定期或不定期的评估，检查和评估平台所提供的文化服务内容、社会影响、用户反馈等，确保“互联网 +”公共文化服务的质量和效果。

4. 行政约束性

在互联网技术的强力支撑下，诸多地区在公共文化服务网络平台搭建方面进行了不断的研究和探索。公共文化服务网络平台在实际操作和运营中，呈现出一种具有政务网站性质的特点，其社会化媒体属性可能不够突出，而行政色彩相对较浓厚，与 QQ 群、微信公众号、微博等网络社交媒体的联系也不够紧密。

如此一来，用户在使用的过程中就会或多或少出现一些不可避免的弊端，导致他们不能利用社会化媒体平台手段将服务与用户有效地连接起来，从而阻碍了“互联网 +”公共文化服务的创新。

“互联网 +”公共文化服务供给模式的优化

现代信息技术的快速发展，不仅普及了智能手机，还引入了 RFID（射频识别）、移动定位、移动浏览器、人脸识别和动作感知等技术，并推动了“云平台”和网上“淘宝”等模式的兴起。这些技术和模式增强了人民群众公共文化服务的可选择性、可获得性和便捷性，使得人们能够更加便利地获取并享受各种文化资源和服务。可见，“互联网 +”公共文化服务供给模式有着一定的优势。

一、“互联网 +”供给模式的逻辑框架及设计原则

凡事有利必有弊，公共文化服务供给模式也存在着一些弊端，无法忽视。这就意味着，公共文化服务供给模式需要进一步完善和优化。在优化供给模式之前，需要先了解其逻辑框架和设计原则。

1. 逻辑框架

按照“互联网 +”公共文化服务供给的主要组成内容及其前后向动态作用关系，可以将“互联网 +”公共文化服务供给模式的逻辑框架分为三个层次：一是核心层，是“互联网 +”公共文化服务供给模式的主要组成部分；二是驱动层，是核心层行为的驱动手段和影响因素构成；三是效果层，是对“互联网 +”公共文化服务供给模式可能带来的结果的评判，或通过“互联网 +”可能为公共文化服务供给带来的改变作用。

“互联网 +”公共文化服务供给模式，其实就是通过核心层、驱动层和效果层的相互作用发挥效力的。

核心层：包括供给主体、供给构成、供给行为 / 方式、供给机制。

驱动层：包括技术手段的革新、供给与需求的矛盾、城乡的差异、财政资金支持方式等。

效果层：包括“互联网 +”公共文化服务供给的时效性、便利性、匹配性、升级性等。

2. 设计原则

对于“互联网 +”公共文化服务的供给模式的构建，需要考虑不同区域空间、不同服务人群、不同密度可达、不同供给成本、不同效益产出条件下的供给主体、供给构成、供给行为 / 方式、供给机制的差异性。

因此，对于基础条件较好的地区，“互联网 +”公共文化服务的供给模式可以适度超前设计，比如，采用综合平台的供给模式；对于基础条件较差的地区，“互联网 +”公共文化服务的供给模式的设计则要考虑条件比选因素的影响，采用避重就轻的方式，先从数据驱动的角度做出大胆的尝试。

二、优化方向及具体措施

从目前形势来看，想要深入解析“互联网 +”对公共文化服务供给的客观影响，就要把握住未来互联网技术的发展趋势，才能实现公共文化服务供给主体的多元化、方式的多样化和内容的丰富多样化。公共文化机构将与科技公司、社区平台和用户共同合作，利用互联网技术的创新，为公众提供更具个性化、多层次和互动性的文化服务。

1. 由层级分解向联通共享转变

想要实现公共文化服务供给机制由层级分解向联通共享转变，就需要在建立公共文化服务信息共享机制、公共文化服务多级关联机制、公共文化服务区域联通机制、公共文化服务法治监管机制等方面入手。只有这样，才可以推动公共文化服务供给机制的转变，实现跨机构、跨地域的联通共享，为公众提供更加优质、便捷和多样化的文化服务。

在公共文化服务的“互联网 +”建设中，引入社会化机制可以发挥重要的作用，促进公共文化数字资源的整合开发并加强多网、多终端应用的开发。此外，社会化机制的优势在于激发多方参与和合作，推动创新发展，提供更广泛、便捷的公共文化服务。通过社会化机制的引入，公共文化服务可以更好地适应互联网时代的发展需求，主要体现在以下两个方面：

第一，构建公共文化服务供给的层级网络，可以通过建设统一的网络平台，使不同层级的公共文化服务机构能够共享资源、互相协作，提高服务的效率和质量。第二，建立公共文化服务互联网监测平台和群众性投票平台，是一种监测和评估公共文化服务的质量和效果的有效方式，可以收集公众意见和反馈。如此不仅有助于确保公共文化服务的质量和公正性，也可以满足公众的文化需求，促进文化产业的繁荣发展。

2. 由政府主导向多元参与转变

在现代社会，中央和地方政府支持、市场和企业提供服务、社会（非营利组织）参与的公共文化服务供给主体组成模式可以实现供给主体的多元参与，提供多样化和丰富的文化服务，同时创造更包容和活跃的文化生态。这一模式鼓励不同方面的协同合作，将带来更好的文化效果和社会效益。

同时，互联网技术的应用也为公共文化服务带来了新的机遇和挑战。各服务供给主体可以利用互联网技术手段，共同参与公共文化服务的环境保护和创新。例如，通过数字化和在线展览、文化产品的数字化媒介推广，提供更广泛的文化体验和互动方式。互联网还能促进信息共享、交流和合作，增强公共文化服务的协同性和网络化。

3. 由大众普适向精准多样转变

“互联网 +”的优势在于可以突破公共文化服务的局限性，以互联网作为载体的数字信息产品和移动网络技术，为公共文化服务的供给带来了许多重要改变和创新。公共文化服务供给产品将逐步呈现出完备化和精准化，实现由大众普适向精准多样转变。

首先，“互联网 +”以互联网为载体，使公共文化服务从限于特定场所的传统形式转变为在线服务。通过移动网络技术，公众可以随时随地通过手机、平板电脑等移动设备访问互联网，获取文化资源和服务。无论是在线图书馆、数字艺术展览、在线博物馆导览还是在线音乐、电影服务，“互联网 +”提供了更高的可获得性和便利性，使公众无须前往特定地点，就能够享受到丰富的公共文化服务。

其次，“互联网 +”推动了公共文化服务供给产品的完备化和精准化。传统的公共文化服务供给可能受到场地、时间和人力资源等因素的限制，而互联网可以将跨地域、跨时间的文化资源整合起来，实现全天候、全地域的服务。此外，互联网可以通过个性化推荐、数据分析等技术手段，根据用户的兴趣和需求提供精准的文化服务。这种完备化和精准化的供给可以更好地满足不同用户的多样化需求，让公共文化服务更具吸引力和适应性。

最后，“互联网 +”还促进了公共文化服务的创新和多样性。互联网技术提供了越来越多的可能性，让文化机构、创作者和用户能够更灵活地进行交流和合作，推动文化内容和形式的创新。同时，互联网也打破了传统文化服务的限制，让更多的群体和个人有机会参与文化创作和传播，增加了文化服务的多样性和参与性。

第四章　公共文化服务体系的研究综述

第一节　公共文化服务体系的构建

公共文化服务体系的建设在中国的发展中得到了党中央和国务院的高度重视。在“十二五”期间，尤其是十八大以后，公共文化服务体系建设的重要性和任务内容逐渐明确。

2012 年 11 月，十八大提出了完善公共文化服务体系的重要目标。此目标的提出反映了对公共文化服务的重视，并强调了提升服务体系和服务效能的重要性。完善公共文化服务体系的目标意味着要加强公共文化服务的供给和提高其质量，以满足人民群众日益增长的文化需求。

2013 年 11 月，十八届三中全会通过了《中共中央关于全面深化改革若干重大问题的决定》，明确提出了构建现代公共文化服务体系的任务内容。这一决定强调了要加强公共文化设施建设，提高公共文化服务的均等化和普惠化水平，培育和发展文化产业，推动文化与经济社会发展相协调。这为公共文化服务体系的建设提供了指导和方向。

传统公共文化服务体系

近年来，人民对精神文化生活的需求不断提高，对公共文化服务的需要也日趋强烈。通过提供平等、普惠的文化服务供给，使公共文化服务体系能够促进人民的全面发展，推动社会和谐稳定。

一、公共文化服务体系的提出背景

自改革开放以来，社会就逐渐由非常态化向常态化转变。市民社会的成熟与公共文化生活的发达密不可分。一个成熟的市民社会需要提供多样化、丰富的公共文化服务，以满足人们对文化的需求和追求，促进社会的全面发展。对政府而言，是提出了新的挑战和责任。

第一，社会转型带来文化观念的变化。新中国成立后，中国的文化观念经历了三次重要的转变，这些转变反映了中国社会的发展和政府对文化的态度和政策的变化。

初期阶段（1949 年—20 世纪 70 年代末），由于革命胜利后的社会主义建设需要，政府将文化与政治紧密联系在一起，文化被视为政治的手段和工具。政府牢牢掌握着文化的主导权，通过宣传机构来引导和控制文化发展，以实现社会主义意识形态的传播和巩固。这个时期，文化的内容和形式主要服务于政治目标，政府在文化领域发挥着主导作用。

转折阶段（20 世纪 70 年代末—20 世纪 80 年代初），随着中国社会的发展和改革开放的推进，政府开始重新审视文化的地位和角色。政府将文化视为一项事业，并给予一定的经济支持。这一时期，政府鼓励文艺创作、文化产业的发展，并推动了一些文化项目和活动的开展。同时，这个时期也对社会思潮和文化形态有了一定的包容，一些新思潮和文化现象开始涌现。

文化体制改革阶段（20 世纪 80 年代至今），政府继续深化对文化体制的改革。政府意识到文化的多样性和市场需求的重要性，开始鼓励和支持社会力量的参与和创造。政府逐渐放宽对文化的管理和控制，开始鼓励文化市场的发展，推动文化产业的繁荣。此外，政府也提倡文化创新和文化自觉，鼓励各地域、不同群体间的文化表达和传承。这个阶段，政府以引导为主，通过政策制定、市场调节等手段来推动文化的发展。

第二，人们对文化的需求日渐强烈。在计划经济时代，文化产品是为了服务于意识形态的需要而存在的。文化产品主要由国家的文化部门、文化产业单位提供，随着人们的文化消费需求的多样化，由单一的主体来提供文化产品的方式难以满足当前社会的文化需求。

以上这些转变反映了人们对文化的认识和理念的变化，政府独家主导到社会多元参与的转变。政府文化部门在这个过程中起到了积极的推动和引导作用，逐步放开对文化的控制，为人们提供了更加开放和多样化的文化环境。

然而，文化体制改革仍然面临一些挑战，如管理体制的创新、市场机制的健全等方面，需要不断探索和完善。伴随着我国经济社会水平的快速发展，人民的生活水平一直在不断提高，文化需求也日趋多元化。正是在这样的背景下，才提出了“公共文化服务体系”这一概念。[①]

总体来说，中国的文化观念在新中国成立后经历了从政治主导到发展事业，再到鼓励社会参与的转变过程。政府的角色也从掌握主导权到提供支持和引导的角色演变。这些转变反映了中国社会的发展，以及对文化的认识和需求的变化。在未来，随着社会的进一步变迁，文化观念和政府的文化政策可能会继续调整和演变，以适应社会的发展和市民的需求。

二、公共文化服务体系的基本内容

在中共中央十七届六中全会结束后，中共提出了到2020年的文化改革目标，其中之一是实现文化事业的全面繁荣并建立覆盖全社会的公共文化服务体系，同时努力实现基本公共文化服务的均等化。

为了实现这一目标，中共中央强调了政府的主导作用，并提出了以下要求：加强文化基础设施建设，完善公共文化服务网络，使群众广泛享有公共文化服务。这意味着政府在公共文化服务中起到了主要推动和组织的作用，通过加强基础设施建设和网络建设，为群众提供更为便利和多样化的文化服务。

党的十九大报告指出“完善公共文化服务体系，深入实施文化惠民工程，丰富群众性文化活动”[②]。这表明中共中央将进一步加大力度，提供更多形式的文化活动和项目，以满足人民群众的文化需求，增强人民群众的文化获得感和幸福感。这些目标和要求体现了中共中央对文化改革的重视和承诺。

三、公共文化服务体系建设的成果

自党的十八大以来，中国公共文化事业取得了显著的进步和成就。通过

---

① 齐勇锋，李平凡. 完善公共文化服务体系提高国家文化软实力 [J]. 中国特色社会主义研究，2012（1）.

② 陈祥东. 公共文化服务体系的四大特征 [N]. 光明日报，2014，12（9）.

经费投入的提升，公共文化设施的健全，优质文化产品和服务的丰富，以及公共文化服务体系的建设，公众的文化权益得到了更好的保障，人民群众的文化获得感和幸福感也得到了提升。这些成就为我国文化事业的可持续发展奠定了坚实的基础。

1. 加强了现代传播体系和互联网文化建设

当前，我们的任务是把握信息化和传播技术的发展趋势，积极推动公共文化服务与现代科技深度融合，提高公共文化数字化水平以及创新现代传播方式。这需要政府、文化机构和科技企业等多方共同努力，形成合作共赢的良好机制，以满足人们对丰富多样的文化服务的期待。此外，还要加强网络文化建设，实施中华优秀文化网上传播工程和中华经典资源库建设等。

2. 建成了覆盖城乡的公共文化设施网络

据统计，截至 2022 年年底，我国的公共图书馆数量达到 3303 个，公共博物馆数量为 3671 个，文化馆数量为 3503 个。这些数字反映了国家在公共文化设施建设方面的努力和取得的成果。通过不断完善和扩大公共文化设施网络，人们可以更加便捷地获取到文化资源，提高自身的文化素养和审美能力。这些建设与发展为夯实公共文化服务体系奠定了坚实的基础，并积极推动了社会的文化繁荣和人民的精神文明建设。

3. 增强了公共文化服务发展动力

通过统筹考虑群众的基本文化需求和多样化文化需求，发挥市场和社会力量的作用，公共文化服务可以更好地满足人们的需求，提供更优质的服务体验，推动公共文化服务向优质服务转变。对此，党中央、国务院也先后出台了一系列鼓励引导民间投资健康发展和向社会力量购买服务、向公益事业捐赠减免税收的重要政策，引导社会力量参与公共文化服务体系建设。

4. 完善了文化法律法规体系

近年来，中国在文化领域制定了许多法律法规以加强文化保护和促进文化发展。其中具体包括《文物保护法》《著作权法》，以及《公共文化体育设施条例》《博物馆条例》等约 40 部法律法规。这些法律法规的出台在保护文化遗产、维护著作权、规范公共文化服务等方面起到重要的作用。特别是党的十八大以来，《电影产业促进法》《公共文化服务保障法》《公共图书馆法》相继出台并实施，这些法律法规的出台和实施，推动了文化建设与管理的法治化进程，并促进了文化产业的繁荣和多样化。

5. 传承和弘扬中华传统文化

首先，坚持保护利用与传承发展相结合，建设中华优秀传统文化传承体系。推进近现代重要史迹、历史文化名城名镇名村、重大文化和自然遗产地等重要遗址保护工程。其次，加强中华优秀传统文化教育普及工作，分学段融入学校课程和教材体系，推动优秀传统文化的传承发展。

6. 增加了基层公共文化服务资源总量

"十二五"时期，中国在农村地区进行了广播电视"村村通"工程，旨在推进农村地区广播电视的普及。通过该工程的推进，全国已通电的农村地区实现了广播电视村村通的目标，为农村居民提供了更广泛的信息和文化服务。

通过这些工程的实施，中国在"十二五"时期下大力气推进了农村文化建设，提高了农村居民的文化素质和生活品质，缩小了城乡数字鸿沟，促进了城乡文化一体化发展，也改善了基层公共文化服务的条件。

现代公共文化服务体系

2013 年，在十八届三中全会中首次提出了"现代公共文化服务体系"这一概念，强调了公共文化服务在促进文化产业发展和满足社会文化需求中的重要性。它以优质的文化服务为基础，构建健全的文化产业体系和市场体系，为人民群众提供丰富多元、高水平的文化体验，推动文化事业的繁荣与发展。

2018 年召开的全国宣传思想工作会议中，强调了要推动文化产业高质量发展，健全现代文化产业体系和市场体系。这不仅可以满足人们对于优质文化产品和服务的需求，促进社会和谐，推动人民的全面发展，同时也为经济增长和就业创造良好的条件。

一、现代公共文化服务体系的内涵及特征

我国公共文化服务体系已进入现代化的进程，这就要求每个公共文化服务者都需要对现代公共文化服务体系的内涵有清晰的认识，理解其使命和责任，积极参与推进现代公共文化服务体系的建设。这需要服务者不断学习和创新，提高自身的专业素养，推动公共文化服务的质量和效益，为社会提供更好的文化服务。之所以在公共文化服务体系前面加“现代”一词，是因为它的意义十分重大。

在市场的推动下，可以更好地满足人们的个性化文化需求，提供创新、多样化的文化产品和服务。我们将目光放在“现代”一词上，就能更好地理解公共文化服务体系的内涵。正是这一内涵，决定了公共文化服务体系应具有以下四个主要特征：

第一，服务管理的高效化和现代化。但凡公共服务都容易出现效率低下的问题，因此，服务管理的高效化、现代化显得至关重要。构建现代公共文化服务体系，需要综合考虑群众需求的反馈和信息化的发展。首先，建立健全的公共文化服务需求表达机制。这可以通过开展调查、座谈会、听取意见等方式，主动了解公众的需求和意见。其次，提高基本公共文化服务的信息化水平。通过技术手段，如建设在线预约系统、数字化管理平台等，提高服务的便捷性和效率。

第二，运行机制的民主化和法制化。通过民主化和法制化的运行机制，

公共文化服务体系可以更好地回应公众需求，促进文化服务的普及和可持续发展。公众的参与和监督可以推动服务质量的提升，决策的透明度可以建立公众对于文化事务的信任，法制化框架可以为服务提供明确的规范和依据。这些举措相互补充，共同构建一个稳定、透明、高效的公共文化服务体系，为公众提供优质的文化服务。

第三，服务目标的均等化和标准化。均等化和标准化是确保公共文化服务质量和可及性的重要手段。在中国的实践中，国家可以制定强制性标准，为全国范围提供规范和保障，而地方政府可以根据本地区的实际情况制定选择性标准，以适应地方需求和文化多样性。通过均等化和标准化的措施，可以确保公共文化服务在全国范围内有一定的统一性和一致性，有助于提高公共文化服务的质量，确保公众能够平等地享受到高水平的文化服务。

第四，供给主体的多元化和社会化。多元化重在强调公共文化服务的主体是政府，必须创新公共文化服务的供给方式，才能实现公共文化服务提供主体和提供方式的多元化。多元化和社会化可以丰富公共文化服务的供给主体，扩大服务的覆盖范围，提高服务质量。政府、社会力量和文化组织的共同参与，能够促进公共文化服务的可持续发展，满足公众多样化的文化需求，并推动文化领域的创新和繁荣。

因此，现代公共文化服务体系并不是孤立存在的。从机制方面来看，它应该与现代市场相适应，无论是服务内容还是服务产品，都应该体现出现代市场的介入，这样才更符合人们的现代化需求。不仅如此，在服务理念、服务方式、服务手段、管理模式上应更具现代意识，进而实现公共文化服务的现代性，更好地展现现代文化，培育现代公民。

综上所述，现代公共文化服务体系还具有一定的系统性，整体结构层次分明。虽然不同功能处在不同层级，但依然具有一定的秩序，十分有利于各个服务部门协调合作，共同发展。这样一来，公共文化服务体系的整体性也会得到加强，现代公共文化服务体系的功能也会得到很大的提升。

二、现代公共文化服务体系的发展现状

从当前来看，文化产业正面临着一系列新的挑战和需求，需要实现高质量发展。在文化产业内部结构调整升级、文化消费模式和需求发生变化的新时期，建设完善的文化产业体系和市场体系、注重可持续发展和社会责任，也是促进文化产业持续健康发展的重要方向。

1. 加强文化产业链与品牌建设

随着我国网络文学 IP（知识产权）的影视、游戏改编的日渐火热，一些企业曾提出“泛娱乐”“新文创”等概念，在网络文学、影视、游戏、动漫等多领域业务协同联动发展；旅游业与演艺、历史文化教育、文创产品的结合等，都形成了文化产业链构建的初步探索。如此看来，只有拥有故事性、体验性的品牌，才能成为受欢迎的品牌。

品牌的形成源于优质的产品内容，加强文化产业链与品牌建设成为重中之重。对企业自身建设来说，拓宽融资渠道，建立现代企业制度，成为进入现代市场体系的关键所在。随着人们文化消费需求层次的逐步提升，对文化产品供给质量的要求也在不断提高。想要建立现代企业制度，就要转变观念，选择人们喜闻乐见的优质内容、优质产品，才能有机会打开国际化市场。

2. 创造文化产业新业态

当前，现代科技在文化领域的运用日趋广泛，文化与科技融合日益加深，使我国的文化产业内部结构发生变化，这就使得传统文化产业不再占据高位。移动互联网的普及，人工智能、大数据、VR（虚拟现实技术）、AR（增强现实）等现代技术元素的应用，为文化产业发展注入了新活力。

为了创造文化产业的新业态，各个地区还推出了基于数字科技的一系列体验项目，比如，网络动漫、网络文学和影视 IP，都已成为旅游行业的热点。不仅如此，诸如抖音直播、短视频等数字娱乐产品也受到了年轻群体

的欢迎。在很短的时间内，文化产品的数字远程传播成了一种重要的传播方式。

不难看出，科技创新、网络文化娱乐生态、跨界融合将成为我国文化产业业态创新的主要模式。正是数字文化产业的逐渐兴起，让传统文化产业面临着十分严峻的考验。不仅需要人们去寻找转型升级的路径，也需要选择文化与科技、互联网融合的道路，努力从旧业态转向新业态。

3. 加快文化产业市场化程度

近年来，文化体制改革不断深入，政府主导、社会企业参与的现代公共文化服务体系，推动了文化事业与文化产业共同繁荣发展。随着数字技术、移动互联网、新媒体的普及，公共文化服务更需要依靠市场的力量。我国当前存在两大公共文化服务体系，它们在不同的媒介和形式上提供文化服务，相互补充和影响，为我国的文化服务提供了丰富的多元化格局。

首先，是以传统媒体为主要媒介的公共文化服务体系。是指以广播、电视、电影等传统媒体为主要载体，借助本地硬件设施如电台、电视台、电影院等提供公共文化服务。这一体系的特点是具有广泛的传播覆盖面和深厚的历史积累。

其次，现代文化服务体系以新兴媒体为主要载体，以在线内容为主要形式。新兴媒体包括互联网、移动互联网、社交媒体等，通过数字技术和网络平台提供文化服务。这一体系的特点是强调互动性、个性化和自主选择。

这两大公共文化服务体系的出现使得文化服务更加多元化和灵活，满足了不同群体和个体的需求。传统媒体体系具有广泛的影响力和公共性，适合大规模传播和集体共享；现代文化服务体系则更加注重个性化和自主选择，满足了个人的多样化需求和品味。两者相互补充和影响，形成了我国文化服务多层次、多样性的格局。

不过，公共文化服务建设还存在一些问题。通过公共文化服务与社会机构、文化企业合作的方式，可以进行优势互补，与文化产业市场共同发展。政府不仅要将社会效益放在首位，还要保证对文化市场的调控能力，引导企业实现社会效益和经济效益相统一，并通过政府的主导、引导、扶植与推动，制定政策、营造环境、做好服务，为文化产业发展铺路。比如，一些地方的博物馆与企业签署协议，在文化创意产品开发销售、交流展览活动等方面实现合作共赢，这一做法值得人们去借鉴和学习。

三、现代公共文化服务体系的具体路径

在新形势下，构建现代公共文化服务体系需要遵循现代国家治理理念，积极探索创新的服务方式和机制，以适应社会的变化和公众的需求，同时保持开放、多元和参与的特征，为人们提供高质量、多样化的文化产品和服务，推动文化事业的繁荣和社会进步。

1. 强化凝聚共识

凝聚共识是推进现代公共文化服务体系建设的关键。建立现代公共文化服务体系的目标是满足公众的基本文化需求，保障公民的文化权益，并促进文化共建共享。在这个过程中，人民群众的思想共识起着重要的作用。此外，只有通过广大公众参与和支持，形成共同的理念和目标，才能够建立起良好的现代公共文化服务体系，实现公民文化权益的保障，满足公民的基本文化需求，推动文化共建共享的目标。

第一，明确构建现代公共文化服务体系的发展目标。主要包括提供广泛的文化资源、培养公民的审美能力和文化素质、促进文化传承和创新、实现文化共建共享、推动社会文明进步。同时，通过文化产业的发展，推动经济增长和就业机会的创造，进而促进社会的繁荣和稳定。

第二，树立“文化治理”这一理念。“文化治理”强调了公众文化参与的重要性，这一理念的核心是让公众成为文化事务的参与者和管理者，实现文化权益的平等和多样化。需要强调的是，通过精心策划和实施宣传与舆论

引导工作，不仅可以为现代公共文化服务体系的建设营造一个良好的社会氛围，也可以增加公众参与和支持的力度，推动文化服务体系的全面发展。

第三，丰富公共文化服务的内涵。要明确现代公共文化服务的核心概念和内涵，包括广泛且包容的文化服务对象，丰富多样的文化服务内容，以及高品质和可持续的文化服务方式。这有助于明确文化服务的目标和价值，为建设更好的文化服务体系提供指导。在思想和理论的指导下，我们可以回答关键问题，明确现代公共文化服务体系的目标、方向和方法，并制定相应的政策和措施。

第四，形成提高公共文化服务效率的共识。公共文化服务效率之所以偏低，原因就在于公共文化服务社会化程度低、竞争力不足等。想要推动公共文化服务的优化，就必须引入竞争机制。通过引入竞争，可以激发文化服务提供者的创新和竞争意识，促使其提供更高质量、更多样化、更具吸引力的服务。竞争机制可以促使文化机构更加敏感和贴近公众需求，提供更加满足多样化需求的服务，从而提高整体文化服务的质量和效率。

2. 坚持以人为本

以人为本，是推进现代公共文化服务体系构建的根本方针。“以人为本”是指在构建现代公共文化服务体系时，将人民群众的需求和利益放在首位，以满足他们不断增长的文化需求为出发点和核心。这一方针的核心理念是关注人民群众的文化权益，推动公共文化服务的发展以使其更加符合人民群众的期望和需求，从而更好地实现文化发展成果的公众共享。

3. 培养整合资源

整合资源，是推进现代公共文化服务体系构建的重要途径。从当前情况来看，我国公共文化建设中存在着两大主要矛盾，解决这些问题的关键在于整合资源并改进资源配置机制，以推动现代公共文化服务体系的构建。

首先，针对公共文化设施短缺和使用效率低下的问题，整合资源是至关重要的。通过整合资源，可以共享设施和设备，避免重复建设，提高资源利用效率。其次，改进资源配置机制也是优化公共文化服务的关键。

可以通过引入市场竞争机制，鼓励社会资本参与公共文化设施的建设和运营，以提高效率和质量。这将有助于提高公共文化服务的覆盖面和质量，满足人民对丰富、多样化文化需求的期待。

4. 推动建章立制

建章立制是指建立和完善相应的法律、法规、政策、规章等制度，以确保公共文化服务体系的有效运行和可持续发展。这些制度的建立可以为公共文化服务提供明确的法律依据和操作规范，推动公共文化事业的长期发展。制度，是人类社会发展成本最小的资源。只有推动建章立制，才能实现现代公共文化服务体系的构建。从目前的情况来看，这方面的制度建设还需要进一步加强。

第二节　公共文化服务体系的意义及价值

公共文化服务体系是针对广大公众提供的具有公益性质的文化服务体系，旨在满足人们的文化需求、促进文化传播和创新，以及推动社会的进步与发展。这个体系包括先进文化理论研究服务体系、文艺精品创作服务体系、文化知识传授服务体系、文化传播服务体系、文化娱乐服务体系、文化传承服务体系、农村文化服务体系等七个方面。这些服务体系相互关联，形成一个综合的文化供给网络，为人们提供了多样化、全方位的文化服务。通过不断发展和完善公共文化服务体系，可以满足大众日益增长的文化需求，促进文化事业的繁荣，推动社会的进步与发展。

公共文化服务体系的现实意义

构建现代公共文化服务体系旨在适应时代的发展趋势和文化发展规律，并充分体现中国的特色和国情。通过政府主导、社会参与、重心下移、共建共享的原则，并坚持基本公共文化服务标准化和均等化，中国能够更好地满足人民群众的文化需求，促进文化事业的繁荣和创新。这将进一步推动文化的繁荣与进步，增强人民群众的文化满足感和幸福感。

1. 推进公共文化服务的标准化及均等化

以县为基本单位，来全面落实国家公共文化服务的指导标准和实施标准是至关重要的。这就意味着在每个县级行政单位内，需要建立健全公共文化设施运行管理和服务标准体系，确保各级各类公共文化机构在服务项目和流程上做到规范化。

此外，标准化将起到促进均等化的作用，通过制定统一的标准和规范，可以填平或弥补公共文化资源的短板问题。这样可以推动区域间、城乡间公共文化服务的均衡协调发展，确保不同地区和人群都能够平等享受到公共文化服务。

2. 加强边境地区的文化建设

以边境县为主体，以县、乡、村三级为重点，以公共文化服务体系建设为主：一是加强边境地区文化建设，推动文化稳边、固边、兴边；二是加强边境地区公共文化设施建设，改造提升设施条件，增加多层次、多语种文化产品供给；三是加强网络建设和数字资源建设，鼓励文艺工作者深入边境地区开展采风创作和慰问演出，进一步丰富边境地区人们的文化生活。

此外，还要加大文化人才、文化科教的支边力度，加强人才培训。挖掘和保护边境特色文化资源，扶持特色文化产业发展。建立边境地区文化市场执法协作机制，加大违法案件查办力度，维护文化安全。支持边境地区与周边国家和地区开展形式多样、内容丰富的文化交流与合作，发展文化边贸。

3. 完善公共文化设施网络

以公共图书馆、文化馆、博物馆、乡镇（街道）综合文化站、村（社区）综合性文化服务中心为重点，以流动文化设施和数字文化设施为补充，是推动各级公共文化设施基本达到国家建设标准的具体措施。此外，在推动各级公共文化设施基本达到国家建设标准的过程中，需要进行充分的统筹规划和均衡配置资源。

这就意味着要根据不同地区和人群的需求，合理布局和建设公共文化设施，确保各个区域都能够享有基本的文化服务，减少城乡和区域间的文化差距。与此同时，也需要注重提升公共文化设施的质量和服务水平，包括人才培养、设施设备更新、文化活动丰富多样等方面的提升，以满足人民群众不断增长的文化需求。

4. 推动公共文化服务社会化发展

一是促进公共文化服务项目化管理、市场化运作、社会化参与。通过项目化管理，将公共文化服务纳入项目化的运作模式中，明确目标、任务、资源和责任，并进行科学的项目管理，提高管理效率和服务质量。

二是运用政府与社会资本合作、公益创投等多种模式。政府与社会资本合作是指政府与企业或其他社会机构共同合作，共同投资建设公共文化设施。可以采取合资、合作、租赁等方式，充分利用社会资本的资源和优势，提高投资效益，确保公共文化设施的可持续发展。

三是鼓励和引导社会力量在符合条件的情况下结合历史街区和传统村落建设等兴办公共文化项目。政府可以鼓励和引导社会力量在这些地区投资建设公共文化设施，提供丰富多样的文化活动和服务，同时注重保护和传承地方文化特色。

四是推进文化志愿服务，建立和完善文化志愿者注册招募、服务记录、管理评价和激励保障机制，提高文化志愿服务规范化、专业化和社会化水平。政府和社会机构可以建立统一的文化志愿者注册招募平台，通过宣传和培训吸引更多的志愿者参与文化服务工作。

通过综合运用这些措施，可以实现公共文化服务的项目化管理、市场化运作和社会化参与，提升公共文化设施的数量、质量和可持续性，满足人民日益增长的文化需求，并推动文化事业的繁荣发展。

公共文化服务体系的价值分析

加快构建现代公共文化服务体系，是为了保障人民群众的基本文化权益和满足其基本文化需求。公共文化服务是指由政府和社会共同提供的普惠性、平等性、便利性的文化服务，旨在让每个人都能够享受到基本的文化权益和福利。

一、以传统文化丰富公共文化服务供给的理论价值

中华优秀传统文化作为中华民族的独特精神标识，具有重要的理论价值和实践意义。因此，通过以中华优秀传统文化丰富公共文化服务供给，可以提升人民群众对国家和民族文化的自觉性和自信心，加强对传统文化的认知与认同，使传统文化内化于心、外化于行，成为人民的思想引领和行动指南。这不仅在理论上有价值，也能够在实践中推动文化建设和社会进步。

1. 转化创新性发展的时代要求

通过加强硬件建设、完善服务网络、丰富文化产品和提升服务效能，可以提供更为便利丰富的公共文化服务，满足人民对美好生活的向往，促进社会的发展和进步。同时，还需要从优秀传统文化中汲取营养和素材，借助现

代科技和文化创意，进一步丰富公共文化服务供给，以满足人民群众日益多样化的精神文化需求。

优秀传统文化是中华民族价值理念的集中体现，通过对优秀传统文化进行科学冶炼，取其精华、去其糟粕，对优秀传统文化价值进行再挖掘、再理解、再阐释、再拓展。通过现代表达形式，让优秀传统文化与当代文化相适应、与现代社会相协调。既可以强基固本、促进当代文化建设，也可以提供更好的公共文化服务，以最大限度地满足时代不断发展的文化需求。

2. 提升人民群众的文化自信

中华民族经历了漫长的历史进程，拥有深厚的文化底蕴和独特的传统文化。要增强人民群众的文化自信，就要通过阐述中华优秀传统文化的历史渊源、发展脉络，以及中华文化的独特创造、价值理念，让广大人民群众了解并接受优秀传统文化。

除此之外，将优秀传统文化转化为公共文化产品，以优秀传统文化丰富公共文化服务供给，不仅可以让人民群众从中汲取思想精华和道德精髓，传承其丰富的思想理念、道德观念、人文精神，也可以为人们认识和改造世界提供重要支撑，认识到优秀传统文化的历史价值和当代价值，以增强人民群众的文化自觉和文化自信。

3. 满足人民群众多样化的需求

中华优秀传统文化丰富多彩，其中“求同存异、和而不同”的处世方法，信守承诺、追求正义的个人操守，文以载道、以文化人的教化思想等中华人文精神，是中华民族坚定自信的力量源泉和发展壮大的精神支柱，可以为社会发展进步提供强大的精神滋养。

从内容方面来看，优秀传统文化包括哲学、历史、文学、艺术、教育、医药、娱乐等多方面的内容，基本可以满足人民群众多样化、多层次的精神文化需求；从存在形式和分布空间来看，优秀传统文化以文献文物、思想精神、非遗技艺等多种形式分布于祖国各地，可以满足不同地区、不同民族的多样化需求。

不难看出，通过创造性转化和创新性发展这些优秀传统文化，不仅可以丰富公共文化服务供给，满足人民群众日益多样化的精神文化需求，还能够提升人民群众的获得感、幸福感和满意度。

二、以传统文化丰富公共文化服务供给的实践价值

在漫长的历史中，中华民族创造了灿烂辉煌的物质文化，形成了厚重的历史文化积淀。其中，有许多具有时代价值和当代价值的优秀传统文化，不仅可以为人们提供文化源泉和创作素材，而且其所蕴含的人文精神、进步理念和优良美德也具有一定的实践价值。

通过以优秀传统文化丰富地方公共文化服务供给，可以实现以下几个方面的积极作用：一是传承与保护。将优秀的传统文化纳入地方公共文化服务内容，有助于传承和保护中华优秀传统文化。二是独特性与特色。将其融入地方公共文化服务，可以展示地方文化的独特性和特色。三是社会凝聚与认同。通过在地方公共文化服务中弘扬传统文化，可以增强人们对中华文化的认同感和自豪感。四是创新与发展。通过与当代艺术、科技等融合，使传统文化焕发出新的活力和创造力，满足现代社会对文化的多样化需求。五是公共文化服务体系建设。将优秀传统文化纳入地方公共文化服务体系，可以提升公共文化服务的质量和水平。具体体现在以下几个方面。

1. 发挥优秀传统文化的积极作用

以优秀传统文化丰富公共文化服务供给，可以从实践层面发掘优秀传统文化的思想内涵、人文精神和文化理念，通过优秀传统文化与现代公共文化服务的有机融合，赋予文化产品更为丰富的时代内涵，让人们在使用和分享文化产品、接受公共文化服务的同时，自觉接受优秀传统文化的熏陶和教

育，从而更好地发挥优秀传统文化以文化人的作用，实现优秀传统文化的当代价值。

如今，这些优秀传统文化仍然有着重要的价值所在。在公共文化服务体系建设中，人们更加注重挖掘优秀传统文化精髓，将优秀传统文化融入社区文化活动之中，让人们在分享文化产品的同时可以接受优秀传统文化的熏陶，充分地发挥优秀传统文化的积极作用。

2. 丰富公共文化服务供给

近年来，人们开始注重以优秀传统文化丰富公共文化服务供给，在优秀传统文化资源转化方面进行积极的探索，并从实践层面破解了公共文化服务供给相对单调和不够丰富的问题。

第一，加强资源转化。在以优秀传统文化丰富公共文化产品供给方面，可以结合自身优势，积极探索资源转化的有效途径。按照新的时代要求，通过观念创新、内容创新、形式创新、载体创新、传播创新等方式，不断保持优秀传统文化的鲜活生命力，注重资源转化的形式与内容的统一，从而创造人民群众喜闻乐见的公共文化服务。

第二，强化科技支撑。当前，文化与科技的融合步伐在不断加快，新技术的爆炸式发展对传统文化的创新性发展、创造性转化也进行了有力的推动。这就意味着科技越来越成为改造和提升优秀传统文化发展的关键力量，也成为推动公共文化服务体系建设的强大引擎。

3. 推进优秀传统文化创新性发展

创新发展优秀传统文化，就是通过创新性发展把优秀传统文化转化为丰富的文化产品。从实践层面来看，这种转化既可以转化为进入文化消费市场的文化产品，也可以转化为进入公共文化服务体系的文化产品。在充分利用优秀传统资源的基础上，也可以强化优秀传统文化的现代转化，以丰富公共文化服务供给。

以河南为例，河南处于中国腹地，拥有丰富厚重的历史文化。农耕文化、制度文化、汉字文化、科技文化、商业文化、姓氏文化、戏曲文化等都是中华优秀传统文化中的重要组成部分，它们各具特色、互相交融、争奇斗艳。以优秀传统文化丰富地方公共文化服务供给具有得天独厚的资源优势。中华优秀传统文化源远流长，包含丰富的思想、价值观念、艺术形式和文化符号，可以为地方公共文化服务提供丰富的内容和资源支持。

第五章　迈向未来的公共文化服务

第一节　公共文化服务发展与区域文化协调发展

党的十九届五中全会提出了创新、协调、绿色、开放、共享的五大发展理念，其中协调发展是实现持续健康发展的一个重要内在要求。协调发展不仅仅适用于经济领域，也可用于文化的发展和物质文明与精神文明的协调发展。

在文化领域，协调发展意味着要在保护和传承优秀传统文化的同时，加强现代文化的创新与发展，使传统文化与现代文化相互融合、相得益彰，从而推动文化的全面繁荣。实现物质文明和精神文明的协调发展，意味着在经济发展的同时，注重人的全面发展和幸福感的提升。

协调发展要求寻求经济增长与社会进步、人民福祉增进的统一，注重发展的全面性、平衡性和可持续性。在实践中，实现协调发展需要统筹各个领域和方面的发展，协同推进经济、文化、社会、生态等多个领域，实现整体和谐发展。

区域文化协调发展的基本思路

文化协调在我国文化建设中具有重要的地位和作用。它主要涵盖两个方面：区域文化发展协调和区域经济发展协调。它们之间存在相互关联和相互促进的关系，共同推动着我国文化事业的发展。

一、宏观政策引领

2005年，《中共中央关于制定国民经济和社会发展第十一个五年规划的建议》中首次正式提出“公共文化服务”这一概念。该规划建议明确指出，要推动公共文化服务均等化，让人民群众在经济社会发展中共享文化发展成果。这一概念的出现标志着我国对于文化建设的战略转变和发展方向的重要转折。

之后，我国相继出台了一系列文件和政策，进一步强调和推进公共文化服务的发展，并提出了一系列改革举措。公共文化服务的提出和推进，促进了文化产业的健康发展、文化文艺创作的繁荣，丰富了人民群众的文化生活，推动了社会文明进步和国家软实力的提升。

二、区域发展与精神文明、文化建设

加强精神文明和文化建设，是落实区域协调发展理念的必然要求和前提条件。区域协调发展理念的提出旨在实现经济社会的协调发展，解决地区之间的发展不平衡问题。然而，仅仅追求经济增长和物质发展是不够的，还需要注重培育和发展精神文明和文化建设，以满足人民群众对丰富精神文化生活的需求。

为了加强区域精神文明和文化建设，需要制定相关政策，加大文化资源的保护和开发力度，建设文化设施和场所，丰富文化产品和服务，提高文化产业的创新能力和竞争力，加强文化交流与合作，培育文化创意人才等。文

化建设与区域发展之间存在相互渗透、相互促进、共生互动的关系。可以说，文化建设是区域发展中有力的精神支撑。

三、区域公共文化服务与文化产业

近年来，在政府行政力量和市场力量的共同作用下，区域公共文化服务和文化产业之间的关系逐渐发展为共融。政府在发展文化产业方面提供政策支持和市场监管，鼓励市场参与文化产业的发展，并强化对公共文化服务的投入和管理。文化产业也积极参与公共文化服务，通过提供优质文化产品和服务，满足人们多元化的文化需求。公共文化服务和文化产业之间相互促进、相互支持，实现了资源共享、互利共赢的局面。

第一，区域公共文化服务与文化产业的内容发生了交叉和融合，那么，区分它们的硬性标准不再仅仅是能否市场化。它们之间的界限已经变得宽泛，可以互相逾越。传统上，公共文化服务与文化产业的区分主要建立在它们的目的和运作方式上。

第二，在投入模式上，区域公共文化服务和文化产业存在一定的相似性，并且在面对资本化运营的挑战时都在不断创新和适应。同时，文化产业也需要关注公共文化服务的需求，充分发挥社会价值，而非纯粹追求经济利益。

第三，区域公共文化服务与文化产业的协调与融合是区域文化协调发展的重要内容。将公共文化服务与文化产业融合在一起，不仅可以促进经济发展，还可以充分发挥文化的社会功能和价值。在实践的过程中，需要政府、企业、社会组织等各方的共同努力，建立良好的合作机制和创新环境，持续推动区域文化协调发展。

四、区域文化产业发展与经济增长

在现代经济发展中，文化因素发挥着至关重要的作用：第一，区域经济发展在影响文化产业发展格局的同时，也为文化产业发展提供了物质条件。经济的增长与文化产业发展密切相关。随着经济的繁荣，人们越来越有能力、时间和兴趣去参与文化活动，对文化产品和服务的需求也随之增加。第二，文化产业的迅速发展有效地提升了当地区域历史和艺术文化资源的吸引力。这种升级和重塑可以吸引更多的游客、投资和人才流入，推动了旅游业、餐饮业、零售业等相关产业的发展。同时，文化产业的发展还可以塑造区域的独特形象，打造特色品牌，提高区域的知名度和声誉。

此外，文化产业的发展还需要政策、法规等方面的支持和引导，缺乏适当的政策环境和创新机制可能会限制其发展潜力。要想实现良性的互动关系，需要综合考虑各种因素，包括政府支持、市场需求、人才培养、创新能力等的提升，以及合理的调控和管理措施，促进文化与其他产业的融合，实现经济的可持续发展。

区域文化协调发展的现实状况

在国家公共文化服务体系建设和文化产业支柱地位的不断培育下，区域文化协调发展正面临全新的局面。通过公共文化服务体系的建设、文化产业的发展，以及区域间的资源整合与合作，可以实现区域文化的均衡发展和共同繁荣。

然而，从东中西部区域之间、省域之间、城市之间及内部文化的发展情况来看，它们还面临着一系列问题和挑战，这也是未来推动文化领域供给侧结构性改革和促进区域文化协调发展的关键所在。

一、结构差异的显著性

现阶段，尽管我国在公共文化服务体系建设方面取得了一些进展，但仍然存在地区之间的差距。为了弥补这些差距，国家已经意识到了中西部地区和农村地区的公共文化服务不足的问题，并采取了一些措施。

例如，通过加大投资力度，推动中西部地区和农村地区公共文化设施建设；加强文化人才培养和文化服务能力的提升；推动文化资源的跨区域共享与流动等。这些举措旨在促进公共文化服务体系的全面发展，缩小地区之间的差距，使更多的人民受益于优质的公共文化服务。

当前，虽然文化和旅游部已启动了第三批国家公共文化服务体系示范区建设，但与区域经济社会的快速发展和居民文化需求的急剧增长相比，公共文化服务发展的进展需要进一步加强，这可能是多种原因导致的，包括政策措施、投入不足、管理机制不完善等。这就意味着通过政府、文化机构、企业和社会各方的共同努力，才能推动公共文化服务的发展，进一步提升示范区的示范带头作用。

二、文化意识提升的重要性

文化建设是区域文化协调发展的内容之一，体现出了提升文化意识的重要性。在中共十七届六中全会上，确立了深化文化体制改革，推动社会主义文化大发展、大繁荣的政策目标，使文化建设获得了更高的重视和发展机遇。

此后，各个省区和城市积极响应，并在城市精神提炼、文化内涵挖掘、文化品牌培育、精神文明建设等方面投入了大量的精力。这些努力大大推动了各地文化事业的发展和繁荣。城市的文化软实力得到提升，文化产业的发展推动了经济增长和就业机会的增加。同时，居民的文化素质和精神文明水平也得到了提升，社会和谐稳定的基础得到增强。

然而，需要指出的是，不同地区和城市在推动文化发展方面的情况存在差异。一些地方在文化建设方面取得了显著成效，但也有一些地区还面临着挑战。因此，还需要进一步加强制度建设、政策引导和资金投入，加强各地之间的经验交流和合作，形成全国范围内文化发展的整体推进态势，这就说明提升文化意识对企业发展发挥了重要作用。

三、供需矛盾的突出性

随着文化结构的不断升级，区域文化需求也在日益高涨。相关数据显示，城镇居民家庭教育文化娱乐人均消费支出呈现出连年增长的态势。这一现象反映了公共文化服务内容和文化消费产品日益丰富，促使了人们对文化的需求和消费增加，为区域文化发展起到了积极的推动作用。

文娱消费方面，新兴娱乐消遣场所在逐渐增多，比如，咖啡馆、主题公园、游乐场、电玩城等，这些场所提供了各种娱乐活动和文娱体验，受到了广大居民的欢迎。这种趋势使居民购买各种文娱用品的支出增长显著。

公共娱乐方面，人们观看表演、参观美术与摄影展览等的消费支出也在不断增长，从一定程度上反映了文化娱乐需求的增加。

然而，在一定区域范围内，供需结构性差异和矛盾依然广泛存在，特别是在中西部欠发达地区。虽然在这些地区推进了“三馆一院”（图书馆、博物馆、文化馆和文艺院团）的建设，并取得了一定成效，但是一些文化场馆存在闲置率过高、未得到有效利用的问题，导致缺乏市场化的文化娱乐设施，难以满足当地居民的需要。

另外，城乡之间由于消费习惯等的差异，文化需求也呈现出差异化特点。城市居民更倾向于接触多元化、创新的文化产品和体验，有更高的消费能力和需求水平。而农村地区可能更注重基础文化设施的满足和传统文化的传承。这种差异导致了城乡间文化需求的不同，需要因地制宜地提供相应的文化产品和服务。为了解决上述问题，需要进一步加强对中西部地区的支持和引导，推动文化产业的发展和创新。

四、城乡差距的长期性

在国家“十二五”规划期间，公共财政对文化建设投入的增长幅度大于财政经常性收入增长幅度。这意味着政府在促进文化事业发展方面投入了更多的财力。这种情况反映了政府对文化建设的重视和承诺，希望通过加大财政投入来提升文化事业的发展水平。这种做法可以促进文化产业的蓬勃发展，满足人民对艺术、教育、娱乐等方面日益增长的需求。

近年来，互联网、大数据等技术的发展推动了文化产业的革新和创新，而政府支持和市场需求的增长则为文化产业的加速发展提供了动力。固定资产投资的增长也为文化产业提供了基础设施和场地支持。这些因素共同促进了文化产业增加值的高速增长，并为经济发展和社会文化的繁荣做出了贡献。

无论是在人才、资本、技术基础、产业规模上，还是在品牌、品质、市场、价值创造上，我国文化产业的发展都呈现出了一种“东高西低”的态势。在我国，文化产业的发展主要聚集在大城市，这些地区拥有更多的资源、市场和人才集聚效应，因此文化产业在这些地方得到了更好的发展机遇和条件。

相比之下，小城镇和乡村地区的文化产业发展面临一些挑战。首先，这些地区的文化产业基础相对薄弱，缺乏先进的设施和专业人才。其次，市场需求相对较低，人口规模较小，限制了文化产业的发展规模。此外，缺乏相关政策和支持措施，也是制约文化产业在小城镇和乡村地区发展的因素之一。

为了解决这些问题，近年来，我国政府已经开始关注和推动乡村文化产业的发展，提出了一系列措施和政策。其中，加强基础设施建设是重要一环，通过建设文化设施，提升地区的文化服务水平和品质，吸引更多的文化消费和文化创意活动。此外，提供金融支持、培训人才、开展文化交流等措施也有助于促进小城镇和乡村地区的文化产业发展。

一方面，小城镇和乡村地区的文化产业面临一些共性问题。首先，相对较小的市场规模和有限的消费能力限制了文化产业的发展。其次，缺乏专业化人才和先进的技术支持，也制约了文化产业的创新能力和竞争力。

另一方面，文化同源地区的存在也给文化产业发展带来了竞争压力。在一些具有相似文化背景和特色的地区，文化产业可能存在着相似性或重叠性，导致市场竞争激烈。这种竞争可能使得区域内的文化产业难以形成合作与协同发展，缺乏足够的专业分工和合作机制，限制了整体产业效率的提高。

第二节　我国区域文化发展的因素分析

在我国，大城市和发达地区拥有更多的文化资源，包括资金、人才和设施等方面的资源优势。相比之下，小城镇和乡村地区的文化资源相对匮乏。这种不均衡的资源分配导致了区域之间的发展差距。

在这种形势下，要解决我国区域文化发展不协调的内在因素，需要处理好供需矛盾，弥补结构差异，缩小城乡差距，提升产业效率，并加强文化意识的培养。这需要政府加大政策支持和投入，加强各地区间的协作与合作，推动文化产业全面发展和协调发展。

我国区域文化发展不协调的内在因素

针对区域经济转型和产业结构优化升级带来的种种压力及面临的诸多问题，各地根据自身的优势开始发展文化产业，从而推动了文化产业与公共文化服务的融合发展。然而，这种行政区划的割据也给文化发展带来了一些挑战和问题。

一、行政区划出现空间割据

我国地域文化要素资源丰富，包括自然文化要素和历史文化要素的集中分布，可以在一定程度上打破行政区划的空间限制，并促进文化发展的跨区域融合。利用我国丰富的自然文化要素资源和历史文化要素资源，各地区可以通过文化产业的发展来实现更好的跨区域文化融合，充分发挥地域文化的优势，进一步推动我国文化发展的高效率能力。

然而，需要指出的是，文化产业的开发既是市场行为，也需要在区域文化发展战略指导和行政力量引导下形成。市场机制和政府的支持与引导相结合，是推动文化产业发展协调性和可持续发展的关键因素之一。

二、城乡二元结构的差异化

城乡二元结构确实是我国经济和社会发展中一个重要的问题。这种结构的存在导致城市和农村之间的发展差距和割裂，同时也对区域文化协调发展带来一些挑战。

首先，城乡二元结构使得城市和农村在经济发展、基础设施建设、公共服务等方面存在明显的差异。这种差异导致了城市和农村之间的不平衡发展，加剧了社会的分化和不公平现象。其次，城乡二元结构也对区域文化协调发展带来挑战。这种文化差异可能导致理念、价值观、文化认同等方面的差异，阻碍了不同地区间文化的协调和交流。

此外，城乡二元结构还会影响到个体的文化协调意识。由于城乡居民在经济、社会结构和文化环境上的不同，他们对于文化协调和融合的态度和意识可能也存在差异。城市居民更容易接受多元化的文化，因为更具开放性和包容性。这样的差异可能导致城乡居民在文化认同、交流合作等方面存在一定的障碍。通过政策支持和全社会的努力，我们可以促进城乡之间的互动和交流，缩小差距，实现全面的区域文化协调发展。

城乡二元结构差异主要表现在三个方面：第一，城乡之间文化资源配置机会的不平等；第二，机会不平等引起结果的不平等；第三，结果的不平等加剧了机会的不平等。如此看来，这种二元化的制度虽然改善了要素资源的不均衡状态，但是又会加剧资源配置的不均衡问题。这种二元结构的存在不仅体现在经济方面，还在文化、社会和教育等多个层面产生影响。

为了解决城乡二元结构带来的不平等问题，需要制定有针对性的政策，推动经济发展与社会公平相结合，加强农村地区的基础设施建设和公共服务，减少城乡差距，促进全面的发展和资源平衡。同时，也需要推进教育公平，提供更多机会给农村居民，提高他们的教育水平，增加就业机会，以消除城乡之间的不平等现象。

三、文化要素资源的错配

文化要素资源的合理配置是实现区域文化协调发展的必要条件。不同地区具有不同的文化资源、条件和基础，这就导致区域内部和区域之间的文化发展呈现出差异化的特点。为了实现文化协调发展，需要进行文化要素资源的统筹规划，解决文化要素资源错配的问题。

首先，资源错配会加剧区域文化发展的供需矛盾。不同地区之间的文化资源分布不均，导致某些地区文化供给过剩而其他地区则供给不足。这样的不平衡会导致一些地区的公共文化服务无法满足需求，同时引发其他地区的浪费和资源闲置。

其次，资源错配也会影响公共文化服务和文化产业的效率。当文化资源无法得到合理配置和利用时，公共文化服务的质量和多样性可能受到限制。文化产业的发展也会受到制约，由于资源匮乏或错位，某些地区可能无法充分发挥其文化创意和经济潜力。

为了解决这些问题，需要进行区域性的文化要素资源的整合和配置。这包括对文化资源的评估和定位，明确不同地区的文化特色和需求，制定合适的政策和措施。可以通过加强区域间的合作和协调，推动文化资源的共享和互补。

此外，还可以通过加强文化产业的发展与文化创意产业的融合，促进资源的有效利用和提高文化产业效率。这样的整合和协同发展可以实现不同地区、不同连片地域之间的文化要素资源的有机衔接，提高资源配置的效率，促进区域文化的协调发展。同时，还需要加强各个地区之间的合作与交流，提高资源共享和协同发展的水平，促进区域文化协调发展的实现。

我国区域文化协调发展的政策建议

为了贯彻落实“协调发展”的重要理念，促进现代公共文化服务体系建设、促进我国区域文化协调发展，可以从丰富文化协调内容、提升文化协调效率等方面入手。这些措施有助于加强区域文化协调发展，促进文化产业和文化消费的优化升级，从而形成一种推动文化协调发展的合力。

一、丰富文化协调内容

在“十三五”时期，中国政府将公共文化服务的重点放在提高服务设施的完善度和提效利用方面，以进一步推动区域文化的协调发展。这一举措旨在实现公共文化服务的标准化和均等化，以提升人民群众的文化获得感和满意度。

在公共文化服务设施的完善方面，政府通过加大投入和建设力度，推动公共文化场馆、图书馆、博物馆、文化艺术中心、文化广场等文化设施的建设和改善。特别是在基层和农村地区，加强对文化设施的扶持和改造，以缩小城乡之间的文化服务差距。

在提效利用方面，政府采取了一系列措施来提高公共文化服务的效率和质量。例如，通过推广智慧文化建设，利用信息技术来提升文化服务的智能化和便捷化水平；加强文化人才队伍建设，培养更多具备专业知识和服务能力的文化从业人员；推动文化资源的共享和联动利用，促进区域间的文化交流和合作。

这些政策和措施旨在打破地域限制，促进不同区域之间的文化协调发展。通过提升公共文化服务设施的质量和水平，让更多的人能够享受到优质的文化服务，消除区域之间的文化差异，提高全民的文化素质和幸福感。同时，还要树立区域间、城市间、城乡间公共文化服务设施及内容共享的理念。

以重庆市为例，构筑高效的公共文化服务网络，强化平台管理，实现百姓“点单”，增强公共文化服务的活力。推动完善公共文化服务立法是一项重要举措，通过制定相关法律法规或政策文件，可以对不同层级、不同区域之间的文化服务内容合作进行规定和约束，提高区域文化协调的规范性和效率性，促进不同地区之间的合作和发展，进而实现文化服务的均衡与优质提升。

二、提升文化协调效率

构建区域文化供给的层级网络和构造文化供给综合体，是实现文化网络平台区域联通的重要措施。这就意味着在区域层面上建立文化供给的多层次网络，通过整合各级政府、文化机构、社会力量等资源，提供全面、多元、高质量的文化服务。

那么，究竟如何才能提升文化协调效率呢？首先，开展文化协调发展试点工作是提高文化协调效率的重要措施之一。其次，引入社会化机制是提升文化协调效率的另一个重要方向。最后，按照市场取向改革和政府职能转变的要求，构建多元化的区域文化协调发展体系。

综上所述，要提升文化协调效率，可以通过设立专门机构、引入社会化机制，以及推进市场取向改革和政府职能转变等措施来构建多元化的区域文化协调发展体系。通过上述措施，可以促进区域文化供给的整合和协同，实现文化网络平台的区域联通，为人民提供更广泛的、丰富多样的文化服务。这将有助于提升人民的文化素质，满足人民的文化需求，推动文化事业的繁荣发展。

三、拓展文化协调空间

要树立区域文化协调发展的观念，就要以文化企业为主体，发挥市场机制的作用，以促进区域文化协调发展。一是市场机制的发挥。通过充分发挥市场机制，可以实现文化要素资源的自由流动。这意味着文化产品、科技创新、人才和资金等可以依靠市场的力量进行有效配置。二是先发区域和大城市的带动作用。通过引导和支持这些地区发展壮大文化产业，可以带动周边中小城市和农村地区的文化建设，实现区域内外的文化协调发展。三是区域文化协调发展联盟的构建。通过联盟的合作，不同地区可以共享资源、协同创新，实现区域内的文化产业互补和协同发展。

为了提升文化协调发展的实力，需要转变传统的区域协调模式和自上而下的文化要素资源配置方式。通过加大区域横向文化要素资源整合和协调，可以减少重复建设和浪费，实现资源的最优配置。同时，正确处理好文化资源同质地区的竞合关系，鼓励资源互补和合作，形成协同效应，提升整个区域文化发展的实力。

四、优化文化协调品质

随着我国经济社会发展进入新常态，在互联互通、共建共享的模式下，“互联网 +”模式不仅可以改善和保障文化民生，也对区域文化协调发展起到了积极的推动作用。通过充分利用互联网技术和平台，促进文化产业的创新和发展，实现文化资源的共享和交流，进一步推动区域文化协调发展，提升了文化发展的质量和效益。

“互联网 +”作为一种新型的驱动手段，具有高连通性、高知识性、高增值性等三大特征，在经济社会提质增效的过程中，它发挥了积极的推动作用。通过充分发挥“互联网 +”在文化领域的优势，可以改善和保障人民群众的文化生活，提升区域文化协调发展的品质。同时，需要重视网络安全和信息真实性等问题，确保互联网在文化发展中的积极作用能够得到充分发挥。

基于互联网的公共文化数据库和分析系统，一方面要求人们通过互联网数据挖掘技术，设计文化服务“菜单”。通过互联网和移动网络技术，文化服务从传统的局限性转变为在线的全球化服务，突破了地域限制，实现了区域间文化资源的无障碍自由配置。这对于促进文化发展、丰富人们的文化生活，以及实现区域文化协调发展具有重要意义。

五、瞄准文化产业方向

如何才能瞄准文化的产业方向？第一，要转变区域文化产业的发展方式，改变有些城市出于盲目追求而在文化产业上过多投资的现状。不仅要根据产业首位度和辐射力优选文化产业方向，有效调整和优化文化产业方向。还要重点关注具备竞争力和辐射力的产业，比如，创意设计、数字娱乐、文化旅游等，以推动文化产业的专业化发展。

针对整合区域内外文化要素资源，要采用捆绑打包的方式进行集中开发，形成规模集聚的合力。一是制订合理的区域文化产业发展规划。这需要进行全面的资源调查和市场分析，确定最具潜力和优势的文化产业领域。二是积极培育区域文化产业品牌，打造区域文化中心，提升区域文化产业的竞争力。这需要在文化设施建设、活动策划、人才培养等方面加大投入，提升区域文化产业的影响力和竞争力，吸引更多的文化创意人才和投资。

新时代公共文化服务领域的新举措

在过去几十年的快速发展过程中，我国取得了巨大的经济和社会发展成就，人民群众的生活水平显著提高。然而，与人民对美好生活日益增长的需求相比，发展的不平衡性和不充分性依然存在。在经济、社会、环境等方面，存在着资源配置不均、发展质量不高、服务供给不足等问题。这种不平衡不充分的发展状况与人民群众对美好生活的期待之间形成了矛盾冲突。

因此，解决这个矛盾成为当前发展的重要任务。需要指出的是，解决这个矛盾是一个长期而复杂的过程，需要在全社会的共同努力下不断进行。这一矛盾的解决对于实现全面建设社会主义现代化国家的目标至关重要。通过改革创新，加强社会治理，提供优质公共服务，促进社会公平正义，可以进一步增进人民群众的幸福感和获得感，以推动社会的和谐稳定和可持续发展。

一、公共文化服务领域的政策特征

随着我国社会发展逐渐从生存型向发展型转变，人民群众对公共文化服务的要求不再只是单纯停留在数量、规模、效率层面，而是越来越多地开始关注能够享受到更加充足、优质、公平、可及、共享的品质公共文化服务。

如今，随着经济发展、城市化进程和教育普及的推进，人们对文化服务的期望已经提升到了一个新的层次。人们希望能够享受到更加充足的文化资源，包括图书馆、博物馆、艺术馆等文化场所的建设和丰富的文化活动。同时，人们对文化服务的品质和体验也有了更高的要求，希望能够获得更多样化、高水平的文艺演出、展览、电影等文化产品。

此外，公平和可及性也是人民对公共文化服务的要求。人们渴望在城乡区域、不同社会群体之间享有公正的文化资源分配，不愿看到文化资源和服务集中在大城市或富裕地区，而导致农村地区和边远地区的文化服务缺失。人们还希望文化服务能够更加普及和可及，包括提供便捷的文化设施、丰富的文化资源，以及推广数字化和互联网技术，使文化服务更好地惠及广大群众。

为了满足人民对更加充足、优质、公平、可及、共享的品质公共文化服务的需求，中国政府已经采取了一系列的措施。这包括推动文化产业发展，加强公共文化设施建设，提升文化服务的品质和水平，鼓励文化创新和多元表达，加强文化普及和教育等。同时，政府也鼓励社会力量参与和支持公共文化服务，通过推动公共文化的社会化、市场化等方式，更好地满足人民的文化需求。

在市场机制配置资源方面，公共文化服务领域的政策给出了十分清晰的思路，这就标志着政府文化行政方式深入改革有了突破性的进展。我国政府在推进公共文化服务方面，秉持“以人为中心”的原则，将公众由原先的服务对象扩展为服务的主体和内生力量，从而实现公共文化服务的人民化、大众化、社会化。

对于继续贯彻落实“互联网 +”和媒体融合的转型路径，要加快实施公共文化服务的标准化、均等化和普及化，进而为实现公共文化服务的良性发展提供坚实且有力的支撑。这些政策和机制的推行，不仅为文化建设带来了新的动能，更重要的是使公共文化服务更加贴近人民群众，满足他们对优质文化生活的需求，促进了社会全面进步和人的全面发展。

二、完善公共文化服务的主要举措

为了贯彻党的十九大关于完善公共文化服务体系的要求，我国政府采取了一系列措施，旨在解决当前人民日益增长的美好生活需要和不平衡不充分的发展之间的矛盾。具体而言，政府通过以下途径来加快构建上下衔接的基本公共文化服务标准体系，并推进基本公共文化服务的标准化和均等化：

第一，推动公共文化法律法规的贯彻落实。要树立依法推进公共文化服务体系建设的理念，全面贯彻落实《公共文化服务保障法》《公共图书馆法》，以及《博物馆条例》《公共文化体育设施条例》等法律法规，做好对基层政府的法律培训工作，确保各级政府切实履行好法律赋予的职能职责，强化保障作用，创新管理和服务方式，提高依法行政的能力和水平。

第二，推动贫困地区公共文化服务体系建设。要加强督导检查，确保政策和规划的贯彻落实。相关部门需要对贫困地区公共文化服务体系建设进行监督和检查，确保各项政策和规划的执行，并及时解决问题。通过加快推进村级综合性文化服务中心建设、推进县级文化馆和图书馆总分馆制的建设，以及培养文化人才，我们可以逐步实现贫困地区公共文化服务的全面覆盖，促进贫困地区居民享受到更广泛、更优质的文化服务。

第三　推动提升公共文化服务供给和需求耦合效率。要推动“互联网 +”的不断发展，强化平台管理，实现百姓“点单”。加大政府性资金投入、扩大专项建设基金支持范围、完善政府与社会资本合作机制，以及通过特许经营、注入资本、公建民营、购买服务等方式调动社会资本参与，这些措施可以有效促进公共文化服务的发展，更好地满足人民群众的公共文化需求。值得注意的是，在推行这些措施时，需要确保公共文化服务的公平性、可及性和质量，确保文化服务真正惠及广大人民群众。

下篇

文化养老服务

第六章　养老文化与文化养老

第一节　养老是一种文化

随着我国人口老龄化的不断加剧，老年人口的数量和比重持续上升，养老问题逐渐成为社会和家庭关注的热点话题。可以说，养老问题既是国事，也是家事。中国作为最具人口规模的国家之一，养老问题更是尤为突出。加之中国素有尊老养老的传统美德，在“未富先老”的国情之下，养老问题成为当下亟待解决的社会问题。

养老的定义及起源

提及“养老”二字，虽然大多数人都不会太陌生，但讲起它的具体概念，恐怕没几人能说得出来。从表面来讲，养老就是解决老年人晚年的生活问题，它与社会文化有着千丝万缕的联系，反映的是一个代际关系的衔接和更替的规律问题，养老的实质是代际交换。[①] 养老不仅需要经济、政治的维

① 费孝通 . 家庭结构变动中的老年赡养问题——再论中国家庭机构的变动 [J]. 北京大学学报（哲学社会科学版），1983（3）：7–15.

系，也离不开文化的依托和支持。

一、养老的定义

养老主要是指家庭、国家和社会基于孝道或者责任伦理，对老年人的经济供养、生活照料和精神慰藉，满足老年人特殊需要的社会活动。从更深层次讲，养老强调的是老年人的晚年福祉和子女的伦理责任，因此，养老并不是随心所欲的，而是具有内在的文化范式。为什么要养老？由谁来养老？在何处养老？用什么养老？如何来养老？想要解决这一系列问题，都依托于文化，都需要在文化传统中寻找答案。

养老主要包含三层含义：第一，养老是社会保障的一个种类。在古代，养老是一种礼制，通过选择年老且有贤能之人，向他们提供定时的酒食并表示敬意。这种养老制度体现了对长者的尊重和照顾，同时也强调社会责任和道德伦理。第二，养老作为社会保障的一种形式。在现代社会，养老也被作为一种社会保障的形式，以提供经济和医疗支持为主要方式，确保老年人能够维持基本的生活水平和享受基本的医疗服务。第三，养老是指扶养那些年老而不能自给自足的人。有些老年人面临着生活无法自理的困境，可能因疾病、身体残疾或其他原因导致无法自给自足。在这种情况下，社会和家庭需要提供养老支持，包括物质、精神和社会上的扶养。

简而言之，养老即赡养、供养、奉养老人，是老年人在晚年时期的一种生活方式，也是老年人因劳动能力减弱而依靠家人、社会来提供生活必需品的一种生存状态。[①] 养老的根本目的，就是让老年人拥有一个良好的晚年生活。然而，解决养老的根本问题是孝道，孝道与养老是密不可分的。可以说，养老就是由孝道推衍而来的，是一种重要的传统美德之一。

---

① 余飞跃．家庭养老的困境与出路——兼论孝与不孝的理性 [J]. 重庆大学学报（社会科学版），2011（5）：124-130.

当前看来，养老已经超出了家庭伦理血缘关系的范畴，是社会、家庭都不能忽略的重要问题。

二、养老的起源

对于如何养老，并不是现代才出现的问题。在我国，除了有“以孝治天下”的治国理念，也有“老吾老以及人之老”等尊老敬老的传统美德。那么，养老究竟起源于何时呢？

早在上古三代，“老人”的概念和标准就已被提及并确立。根据《礼记·曲礼上》的记载，将年龄分为不同的阶段和称谓。60岁被称为耆，70岁被称为老，而八十九十岁则被称为耄。这个划分标准基本上是按照年龄递增且以十为单位进行的。

先秦时期，提出了“国家养老”这一概念。根据古代的养老观念，从50岁开始，老年人被要求食用细粮，这是为了提供更好的营养和能量，以保持健康。当老年人达到60岁时，他们被认为需要更多的滋补和营养。到了70岁，他们被建议适当增加一些副食，以促进养分摄入和身体的健康。当老年人达到80岁时，他们被认为应该享受更多的珍馐美食。当老年人达到90岁时，他们的行动也不再方便，随时随刻，可能会感到饥饿或口渴，也需要有人一直在身边陪伴和照顾。

汉代时期，推出了一套相对完备的制度，尤其是对“家庭养老”有着严格的要求。家庭养老强调家庭成员的责任和义务，尤其是对父母和祖父母的养育、养老责任。孝道被视为尊敬和照顾长辈的核心价值观念，违背孝道的行为被视为重罪。家庭成员不敬不养长辈的行为，在法律上可能受到惩罚，有时甚至可能被追究刑责。

南北朝时期，养老制度又出现了新的突破。北魏首创了“存留养亲”制度，这是一种司法缓刑制度。也就是说，如果在那些死囚、流刑犯的家中，的确是有一些直系血亲生活不能自理，需要在身边照顾，是可以准许死囚在家“侍亲缓刑”、流刑犯在家“权留养亲”，等家中老人去世后再服刑。

唐朝时期，养老制度开始备受皇帝的重视。唐朝还流行“精神养老”，即是说，在奉养父母时，要和颜悦色，不能让老人生气。比如，一代名相房玄龄，他在赡养老人方面做得十分周到，可以说是当时的道德楷模之一。南北朝时期，正式创建了“养老院”。521年，梁武帝萧衍在都城建康（今南京）创办了“孤独园”，被认为是中国历史上最早的养老院之一。随着孤独园的创办和发展，这样的养老机构开始得到推广和重视。武则天执政期间，唐朝还开设了“悲田养病院”，主要接收一些贫穷的、生病的、孤单的老人。悲田养病院的设立是为了关注社会弱势群体的福利，尤其是老年人的养老和医疗需求。

宋朝时期，“养老院”这种养老方式才真正流行起来。北宋时期，开设了名为“福田院”的养老机构。这些机构由官方或慈善组织管理，主要面向贫困、孤寂和没有家庭照料的老人提供食宿和养老服务。随着时间的推移，这些机构又改名为“居养院”。到了南宋，则改名叫“养济院”等。虽然名字不同，但都属于慈善性质的养老院，依然是由政府和慈善组织管理，旨在关怀弱势群体，特别是无依无靠的老年人。

在明朝时期，朱元璋确实非常重视养老问题。他恢复了汉朝的“赐杖”与“赐爵”制度，这些制度用于对社会贡献卓越的老年人进行奖赏和尊崇。在物质救济方面，朱元璋还两次颁发诏令，实行孤寡老人的终身养老制度。到了清朝时期，养老问题仍然得到重视。清朝皇帝开始关注古老的“赐食”制度，即邀请全国老人到紫禁城内享用盛大的饭宴，这一活动被称为“千叟宴”。

可以看出，从古至今，养老敬老法规始终不曾间断过。尽管古代我国社会生产力水平低下，社会保障不够发达，但是养老并没有成为一个突出的社会问题。直到改革开放以后，社会经历了深刻的变革，包括经济、社会和人口结构等方面。其中，实施的计划生育政策在一定程度上成功地控制了人口增长速度，但也造成了人口老龄化问题的加剧。

人口老龄化问题是一个复杂而长期的挑战，需要跨部门协作和社会各界的共同努力。通过综合的政策措施和持续的投入，我国可以逐步建立起健全、可持续的养老体系，为老年人提供良好的生活和福祉。

养老的基本要素

自20世纪80年代以来，虽然相关学者对养老进行了一番研究，但是从总体来看，以往关于养老的研究大多都是从经济、政治的角度入手的，大大忽视了文化或者伦理因素对养老行为的影响。可见，养老绝不是单纯的经济问题，而是一个社会文化问题。

养老之所以成为一大社会难题，主要根源于养老是一个涉及多方面、多领域的问题，而且养老的过程具有一定的复杂性。基于养老的根本目的，养老主要涉及养老客体、养老主体、养老场所、养老内容、养老的满意度，以及养老资源等六项基本要素。①

一、养老客体

养老客体，又被称为养老对象，也就是养谁的问题。

养老客体主要是老年人。何谓老年人？在不同的时代和不同的文化圈下，对于老年人有着不同的定义。在我国古代，曾将50岁作为划分标准，《礼记·曲礼上》记载：“人生十年曰幼，学。二十曰弱，冠。三十曰壮，有室。四十曰强，而仕。五十曰艾，服官政。”这里的“艾”，含有年老之意。

① 王军永，吴剑等.基于养老概念解析的养老模式与方式划分浅析[J].海峡科技与产业，2020（7）：77–79.

一般情况下，随着年龄的增长，人们在生理上会表现出新陈代谢缓慢、抵抗力下降、生理机能下降等十分鲜明的特征。

现阶段，我国仍然将60岁以上作为划分老年人的通用标准，并明确规定这一年龄为退休年龄。根据中国的《老年人权益保障法》，该法第2条规定，中国公民年满60周岁即被界定为老年人，从而享受相关的老年人权益保障。

世界卫生组织（WHO）曾对老年人的定义是60周岁以上的人群，而西方一些发达国家则认为65岁是分界点。世界卫生组织经过对全球人体素质和平均寿命进行测定，对年龄划分标准做出了一个新的规定：18岁到44岁，为青年时期；45岁到59岁，为中年人；60岁到89岁，为老年人；90岁以上，为长寿期，属于长寿老人；100以上，则属于百岁老人。

近年来，我国的老年人越来越多，所占人口比例也在不断增高。据统计，截至2021年5月，中国60岁及以上的人口达到26402万人，占全国总人口的18.70%。其中，65岁及以上的人口为19064万人，占总人口的13.50%。这些数字显示了老年人口在整个人口结构中的重要角色，并且人口老龄化问题日益突出。

综上所述，老年人口的增加和人口老龄化问题是一个全球性的趋势，在中国也是如此。面对这一趋势，社会各方应共同努力，以适应老年人口的需求和挑战，为老年人创造一个充满尊严、健康和幸福的老年阶段。

二、养老主体

养老主体，又被称为供给主体，也就是由谁养老的问题。

按照不同标准，可以将养老主体分为不同类型。根据养老主体与老年人的关系，将养老主体分为家庭成员、老年人自身、政府和集体组织、社区与邻居等；根据养老服务的提供者是否具有专业的养老服务技术，将养老主体分为专业服务人员和非专业服务人员。

随着社会经济的快速发展，养老主体逐渐变得多元化、复合化。即经济资源、服务资源与精神资源的提供主体不再具有单一性和同一性。比如，在老年人自身经济条件允许的情况下，他们更愿意自己出钱去请保姆；抑或，老年人靠子女们出钱请专门的服务工等，为老年人提供各种家政服务和聊天解闷等心理慰藉服务。从总体来看，我国养老主体经历了以下三个阶段：

第一阶段，传统社会时期的养老一元主体。由于社会保障的缺位和不足，家庭便成为最主要的养老主体，即所谓的“养儿防老”。也就是说，老年人主要依靠子女来赡养和照顾。然而，“养儿防老”只是我国的一种传统观念和生活方式。随着我国老龄化的不断加剧，可以看出，仅仅依靠家庭养老是远远不够的。

第二阶段，计划经济时期的三元养老供给主体。在这一时期，养老主体不再只是以家庭为个体，而是由国家、集体和家庭组成了一个合体。其中，集体经济和家庭供给起到了至关重要的作用。比如，在计划经济时期实行的对于农村地区特定人群的“五保政策”，城镇退休人员和“三无”老人分别依靠退休金和社会保障生活。

第三阶段，市场经济时期的养老多元供给主体。自20世纪90年代以后，随着家庭规模的小型化和家庭养老功能的严重弱化，家庭养老主体分化为子女和个人，随之兴起了社会养老。在这一时期，社区、社会组织和社会资本也开始参与进来。养老主体包括政府、家庭、个人、社区、机构（营利组织、非营利组织）等。

从目前的发展形势来看，我国已经基本上形成了政府、家庭、社会和市场等多层次、多元化、复合化的养老主体。其最显著的特点是在此基础上，社会力量逐渐成为提供养老服务的主体力量，而家庭养老仍然在其中发挥着基础性的作用。

三、养老场所

养老场所，也就是在哪儿养老、在什么地方接受养老服务的问题。

按照老人居住的方式，可以将养老分为居家养老和机构照料这两种方式。在传统社会中，通常会将养老服务与养老场所集中在家庭。而在现代社会中，人类的居住方式一直在发生着不断的改变，养老方式也在不断多样化。因此，养老空间不再局限于家庭。

可以预见的是，在相当长的时间里，绝大多数老人还会以“居家”的形式养老，包括与子女共居、子女间轮居、单独分居。同时，也可以是居公寓、居养老院等。结合当前国内外存在的各种养老形式，养老的场所主要包括家庭、社区（养老服务中心、托老所）、专业养老机构（公共、民办与公私合办的养老院、福利院等）、其他场所（异地）等，进而形成居家养老、社区养老机构养老、异地养老等方式。

四、养老内容

养老内容，也就是养老养什么的问题。

从养老内容来看，在现有经济和社会条件下，养老主要包括两个方面的内容：在经济方面，子女有责任为父母提供必要的生活用品和费用，并确保他们的基本经济需求得到满足。包括为父母提供住所、食物、医疗保健、日常开销等。其中包括子女对父母的经济供养、生活照料和精神慰藉的履行，不仅能够满足父母的实际需求，也有助于维系亲子关系的联结和增进老年人的身心福祉。这种关怀和支持的互动，可以建立在相互尊重和理解的基础上，形成一种和谐而有爱的家庭养老关系。

1. 经济供养

是指由于生理、社会等方面的原因，老年人参加社会生产活动受到了一定的限制，于是不再有经济收入。在老年人没有任何养老金的情况下，就需要家庭、政府和社会为老年人提供必要的衣、食、住、行等条件。

经济供养是解决养老的首要问题，因为经济问题是老年人面临的最迫切的挑战之一。有了充足的经济资源，可以确保老年人在物质上的生活品质和福利得到满足。在市场经济条件下，如果拥有养老的经济资源，就可以置换其他的养老资源。如果老年人是与子女生活在一起的，子女应该保证老年人吃饱穿暖、营养充足。如果老年人不能或不愿意与子女生活在一起，子女就应根据老年人实际需要和自己的负担能力，为老年人提供必要的赡养费用。此外，政府在养老供给上同样具有不可推卸的责任，尤其是在那些贫困地区，政府有着更为艰巨的责任。

2. 生活照料

是指由于老年人年迈体衰，力所不能及，在生活方面需要家庭成员或者社会组织多方面给予应有的帮助，以解决日常生活中遇到的一些困难。尤其需要强调的是，生活照料并不仅仅是指日常生活、物质生活方面的照料，还包括文化生活、孝道文化与家庭养老等方面的照料。

《中华人民共和国残疾人保障法》第 15 条规定："对生活不能自理的老年人，赡养人应当承担照料责任；不能亲自照料的，可以按照老年人的意愿委托他人或者养老机构等照料。"传统上，在中国家庭文化中，子女对父母的孝顺和照料是一种重要的价值观念。因此，许多老年人的生活照料主要是由家庭成员承担的，包括配偶、子女以及其他亲属。

在我国，家庭照顾是一种传统的养老模式，被广泛接受和实践。子女会尽力提供照顾和支持，包括居住在一起、提供日常生活的帮助、陪伴和关怀等。这种家庭照料模式在一定程度上反映了中国传统的家庭价值观和孝道文化。

从当前来看，已经逐渐向家庭保障和社会保障并重的养老模式过渡。尤其是对于那些失能老人的照料，国家也出台了相应的保障政策，在一定程度上减轻了赡养人的经济压力和精神压力。

3. 精神慰藉

是指满足老年人精神方面和心理方面的需求。随着年事的增高，老年人对家庭的精神依赖度很高，他们总是期盼能与子女们欢聚一堂，尽享天伦之乐，这是需求之一。老年人也希望能够得到子女们的关怀，能够与子女们聊聊家常，这是需求之二。同时，老年人更渴望得到子女们的尊重，这是需求之三。

所以，家庭能够为老年人提供温暖的交流，子女们就要尽可能满足以上“三个需求”。其中，经济上的供养，是最低层次的要求，精神慰藉才是一种高层次的需求。要做到理解父母、尊重父母、体贴父母，用“心”孝敬老人，使他们的晚年生活充满温情与欢乐。

五、养老的满意度

养老的满意度，也就是养老的质量问题，养得怎么样。

从实质上来讲，养老的根本目的就是保障老年人的晚年生活，提高老年人的生活质量。对老年人而言，他们的生活需求主要体现在经济、照料、精神等三个方面。正所谓“大孝尊亲，其次弗辱，其下能养”。在传统的中国社会里，通常都以孝道作为养老满意度的基本评价标准。

从本质上来讲，养老的满意度可以分为不同层次。基本层次是生存型养老，让老年人的基本生活需求得到满足。包括提供充足的食物、住所、医疗保障和社会保障，以确保老年人能够有尊严地度过晚年。在满足生存型养老的基础上，发展型养老提出了更高的要求和期望，涉及老年人的全面发展和幸福感。

在发展型养老的理念下，社会和政府应该致力于建设全面的养老服务体系，包括经济支持、医疗保障、社会参与、教育培训和文化娱乐等方面的支持措施。这样可以促进老年人的全面发展，提高生活质量，使他们在晚年能够充实而有意义地生活。

六、养老资源

养老资源，即用什么支持老年人的生活、具有养老价值的资源的问题。

养老资源的表现形式多种多样，按照不同的标准，可以分为不同的种类。按照养老的内容，可以将养老资源分为经济供养资源、生活照料资源、精神慰藉资源；按照资源的形态，养老资源可以分为物质资源、服务资源、精神资源。随着社会的不断发展和老龄化的加剧，老年人的需求和社会所提供的资源和服务在不断变化和演化。

从某种意义上说，目前我们还无法完全满足老年人的需求。此外，不同的国家、不同的家庭、不同的个人，生活方式自然也会有所不同。毋庸置疑，在解决老年人的需求方面，他们也会采用不同的方式。因此，目前为止还没有完全相同的养老模式。可以说，虽然养老问题在中国延续了几千年之久，但直至今日仍然是一个严峻的社会问题。

总体来说，老年人的需求和养老资源之间的关系是相互作用的，社会应该关注老年人不断变化的需求，提供多元化、质量高的养老资源和服务，确保老年人能够安享晚年，拥有幸福健康的生活。

第二节　养老文化的内涵及特征

在通常情况下，文化分为广义文化和狭义文化。广义文化指的是人类在社会历史的演进过程中所创造的所有物质和精神财富的综合体。狭义文化是指特定民族或社会群体在特定的地理、历史、经济和政治条件下形成的观念系统、生活方式和价值观。

养老文化的历史形成

养老文化是指在社会、家庭和国家层面上，为老年人提供养老资源的思想观念、道德价值观、行为方式，以及制度规范等方面的文化体系。养老文化反映了一个社会对待老年人的态度和价值观，涉及对老年人的尊重、关爱和照顾。它可以体现在社会的行为准则、道德传统、家庭责任、国家政策等方面。想要进一步考察养老文化，其前提是必须厘清养老文化与文化养老之间的关系。简而言之，养老文化侧重于文化，文化养老侧重于养老，这就是它们之间最本质的区别。

一、养老文化的内涵

养老是人类社会中照顾和赡养老年人的行为，它是人们在社会发展过程中形成的行为方式之一。后来，这种文化被人们称为养老文化。作为人类文化的重要组成部分，养老文化具有十分丰富的内涵，它的重要性不言而喻。

养老文化是一种融合传统文化和当代人文关怀的养老方式，它在整个老年事业中具有重要的精神统领和价值支撑作用，也是养老服务的灵魂和核心。养老文化分为宏观与微观两种方式。从宏观角度来看，养老文化包括个人、政府和国家对老年人进行生理、心理、物质和制度方面的关怀与规范。从微观角度来看，养老文化关注的是下一代对上一代的情感和责任的综合表达。

在当代社会，养老文化发挥着促进家庭和谐、社会和谐与国家发展稳定的重要作用。文化养老作为养老文化的一部分，强调以社会文明和发展为前提，以满足老年人的精神需求为基础，注重沟通情感、交流思想等核心内容，旨在为老年人提供一种以彰显个性、崇尚独立、享受快乐为目的的养老方式。

文化养老的理念融合了我国优秀的传统文化价值观，比如，尊老敬老、孝道家庭观念等。同时，它也体现了当代社会对老年人的人文关怀精神和尊重。文化养老着重强调老年人的自主权、尊严权和幸福感，鼓励他们发展个人兴趣爱好、参与社交活动、享受各种文化娱乐，从而保持活跃、有意义的生活。

二、养老文化的形成

从根本意义上讲，养老是文化传统的体现，源于“孝”的意识和观念，是历史传统的一种积淀。我国养老文化最初可追溯到原始社会，那时候并没有产生“养老”这一概念。为了求得族群的延续，老一代人会被抛弃或被杀害。

此外，刀耕火种的原始生活需要生产和生活经验来维持。于是，弃老习俗逐渐被抛弃，并形成了“老人是个宝”的新观念。到了原始社会后期，随着私有制和血缘家庭的产生，人们开始从血缘上崇敬长者，从而产生“报本反始”的意向。久而久之，人们才有了对长辈的热爱与感恩之情，才开始有了养老的意识。

西周时期，尊老养老成了礼乐文化所表现的重要内容之一，人们都产生了“儿女感恩和养老”的意识。《尚书·酒诰》中记载：“肇牵牛车远服贾，用孝养厥父母。”直到春秋战国时期，养老文化才逐渐丰富并发展起来。这一时期，以孝道和尊老爱幼为核心的孔子思想成为当时社会的主流。比如，孔子曾提出“老者安之，朋友信之，少者怀之”，这句话意味着年长者应该得到安宁和照顾，朋友应该对老人表示信任和尊重，年青一代应该持有对老人的关心和怀念之情。

孟子则提倡：“天下有善养老，则仁人以为己归矣。”这句话指出如果社会能够善待老年人，那么具备仁德的人就会感到自身的价值得到了充分的体现。

在谈到世俗之孝时，孟子指出了五种不孝的表现，包括：惰其四肢，指的是懒散怠惰，不尽力照顾父母；博弈好饮酒、好货财私妻子，指的是过度追求娱乐和物质享受，忽略了对父母的养育之恩；从耳目之欲，意指不以父母的意愿为重而自私妄为；好勇斗狠以危害父母，表示对父母不负责任。

以上所列出的五项中，直接提出奉养父母者有三项，这些思想对养老有一定的促进作用。伴随着儒学的发展及道家、法家、墨家对孝道思想的认同，我国的养老传统也在日益规范化，逐渐形成了一种颇有特色的养老文化。

养老文化的基本特征

养老文化是我国传统社会的产物，它根植于中国古代的思想道德体系，并通过家庭作为基本单位进行传承。在古代社会中，养老文化深深植根于中国传统家庭观念和伦理道德体系。除了家庭层面，养老文化在中国传统社会中是通过思想道德的形式存在的，传统的养老文化主要有以下三个基本特征。

一、“孝文化”是养老文化的核心

“孝”是道德之源，社会之基础，也是传统文化之根。因此，传统养老文化都是以孝为主要核心的，具有丰富的孝文化内涵。从一定意义上讲，孝文化也是养老文化，是我国古代解决养老问题的道德和行为准则。

1.“奉先思孝”，善事父母，民以敬老为德

在甲骨文中，“孝”的基本含义是“奉先思孝”，即敬老尊老，对祖先充满敬畏。在《诗经》中，有“哀哀父母，生我劬劳”和“有孝有德”的诗句，深切地表达了对父母生育抚养的感恩、崇敬，以及躬行“孝道”，反哺报恩的情感。

对此,《孝经》中提出了“五备”。“五备”具体是指“居、养、病、丧、祭”五种情境下对亲人的应对方式，以彰显对亲人的孝道和敬意。这些概念反映了中国传统文化中对于家庭关系和养老文化的重视。这些原则强调了子女对亲人的孝心和责任感，体现了尊敬、关怀和敬意。这些孝道观念在中国传统文化中扮演着重要的角色，也对养老文化和家庭和谐产生着深远影响。

2.“导民以孝，以孝侍亲”，国以敬老为计

在不同的历史时期，养老方式确实经历了变化和演进。随着生产力的发展和社会结构的变化，人类社会的养老方式逐渐从集体养老转变为家庭养老，主要原因在于:

第一，物质生活资料的相对剩余为养老方式的变化提供了客观条件。随着经济的发展和社会进步，人们的物质生活条件逐渐改善，养老时的物质需求得到了满足。相对较为宽裕的物质条件让人们有了更多的选择和可能性。

第二，婚姻家庭形式的变化也对养老方式产生了重要影响。现代社会中，传统的家庭结构和家庭角色正在发生变化。越来越多的人选择晚婚、不婚或单身生活，家庭的核心结构和支持网络变得多样化。这种变化给养老方式带来了新的挑战和选择。

在父系社会中，家庭关系以父系血缘为基础，家族财产也以父系继承为主要方式。在这种社会背景下，子女继承父母的财产并承担赡养父母的责任。这种家庭养老模式在解决古代中国的养老保障问题中发挥了关键作用。父母在年老或失去劳动能力时，可以依赖子女的赡养来获得物质上的支持和照顾。这种模式基于家庭内的亲情关系和家族传统，通过履行赡养责任来保障年长者的生活需求。

尽管这种模式存在一定的局限性，如子女不愿履行赡养责任或经济能力不足的情况，但在古代中国社会中，这种家庭养老模式是主要的养老保障措施之一。值得注意的是，随着时代的发展，现代社会面临诸多挑战，包括家

庭结构的变化、生活方式的多样性，以及人口老龄化等。这导致了养老保障面临新的需求和变化。因此，需要综合考虑家庭、社会和国家层面的养老保障措施来应对现代社会的养老挑战，以确保老年人的福祉和需求得到满足。在传统孝道思想中，养老尽孝重在奉养、敬亲、送老这三个方面：

第一，奉养。奉养分为两种：一种是满足老年人的基本生活需求，确保他们没有冻饿之虞。包括提供足够的食物、穿着整洁、居住环境安全舒适等，使老年人的基本生活得到保障。另一种是将最好的东西奉献给老年人，使其饱食暖衣，营养充足。这意味着提供富有营养的饮食、舒适的衣物、温暖的居住条件等，使老年人能够在物质上得到充分的满足和享受。

此外，针对不同年龄段的老年人特点，确实应当考虑提供适合他们的食物。老年人的营养需求可能因年龄、健康状况和口味偏好等而有所不同。例如，对于身体较为虚弱的老年人，可能需要特殊的营养补充或易于消化的食物。因此，在奉养老人时，了解他们的健康状况和个人需求，提供适宜的食物和饮食指导是很重要的。

第二，敬亲。孔子和孟子都认为，赡养父母的关键在于“养志”或“养性”。这意味着赡养父母不仅要提供物质支持，更要以礼待之，关心父母的情感需求和心理健康。以礼待之是传承自古代儒家的核心价值观之一，强调通过尊重、孝顺和关怀父母来维系家庭和社会的和谐。赡养父母不仅仅是履行一种义务，更是一种道德责任和亲情的体现。在儒家文化中，敬亲被视为孝道的最高境界，是对家庭伦理和亲情关系的追求。敬亲不仅要满足父母的物质需求，更要注重心理愉悦，让父母感受到尊重、关爱和幸福。

第三，送老。在传统中国，送老的意义更加深远，送老的重要性超过了养生者。在《论语》中，送老被看作是中国文化之母。所以，一直以来，古代先哲们都将送老称为“大事”，还特意制定出了一套送葬与守制礼仪。一旦谁违反了这些礼仪，就等于是触犯了法律，会受到相应的处罚。

二、"尊老敬长"是养老文化的重要理念

养老的目的不仅在于安老，也是一种尊老敬长的方式。在中国养老文化中，尊老敬长，并不局限于血缘关系和家庭内部，而是强调从血缘家庭向社会的"推及"和延续，在全社会形成尊老的风气，形成具有"差序格局"的崇老文化。

孔子认为，教育人们遵从孝道的目的在于让人们尊敬作为父亲的天下万民，尊敬作为兄长的天下同胞。孟子则继承了孔子的思想，并进一步发展了尊老敬老的观念。这些经典思想强调了孝道和尊老敬老的重要性。通过尊重父母和兄长，以及整个社会对老年人的尊重和关爱，可以建立起和谐的家庭和社会关系，并在社会中传承和弘扬孝道、亲情和社会道德。

在《孝经》中，亦将尊老敬老作为人的一种天性，人们在孝顺与尊敬自己父母的同时，还要做到博爱和广敬。此外，还要将孝亲悌兄与忠君顺长联系起来，将家庭的长幼尊卑道德观念推及社会中。这些理念不仅适用于古代社会，也可以指导和启发现代社会对于家庭伦理和尊老敬老的价值观和实践。

三、家庭养老是养老文化的实践载体

在传统社会中，养老系统是多层次的，主要包括家庭养老、宗族养老、慈善养老、福利养老等。虽然我国古代也有一些社会养老的实践载体，但是在传统养老文化中，一直以来都是以家庭养老为主体的，主要强调的是家庭的养老功能和家庭成员承担养老的责任。由此可见，那些传统孝道的价值理念最初都是先以家庭为载体的。

何谓孝？孝要求"善事父母"，是以家庭为实施的基本空间的。在传统社会中，血缘关系是所有关系存在的前提条件，而养老文化的心理基础是血缘道义，是对生我者的知恩图报之情，这是人类古老而真挚的"反哺"情感。血亲关系的延续体现了家庭的一个重要功能。

其实早在先秦时期，我国就已经形成了家庭养老这一概念。在社会养老大势所趋下，家庭养老成为养老服务体系的现实基础。家庭养老，不仅是中华民族文化体系不可或缺的一部分，也是历史上最为悠久的传统养老方式。从当前来看，家庭养老的道德观念已经深深地根植在了中华民族的社会意识中，形成了子孙后代自觉遵守的道德准则和行为规范。

第三节　文化养老的理论基础

随着社会生产力的发展和人口的逐渐增加，老年人口的比例也在不断增大。正是由于老年人口的增多，社会人口的结构比例在不断发生变化，在一定程度上影响了社会其他方面的变化。所以，对于养老这个古老的话题，每个人都必须引起重视。

文化养老的背景及意义

社会发展到今天，文化养老逐渐进入我们的视野，并成为一个热门话题。文化养老具有广泛性、互动性和共享性，是一种让老年人休闲惬意的养老方式。通过社交互动、兴趣爱好和活动、文化和艺术、运动健身等方面的综合举措，可以让老年人的生活变得多姿多彩，并为他们提供满足需求和享受生活的机会。

一、文化养老的背景

文化养老的理念就是以保障老年人的物质生活需求为前提的，同时，还要注重满足他们的精神需求。文化养老保障物质生活需求，满足精神需求，促进社交互动和体魄健康，文化养老旨在让老年人拥有丰富、有意义的晚年生活，并为整个社会创造更加包容和关怀的养老环境。

从哲学的角度来看，个体生命既是宇宙的客观存在，也是自然界的一种物质，受到自然界的影响和制约。个体生命的存在和意义引发了伦理问题，需要我们关注和尊重生命，并在伦理层面探索如何对待个体生命和人类行为的价值。

同时，辩证唯物主义理论也告诉人们，物质是客观存在的基础，而意识是人类主体对物质世界的理解和反映。物质的发展和变化引起了意识的发展和变化，而意识的进步又能够反过来促进物质的发展。毋庸置疑的是，人们也在时时刻刻遵循着这个规律。它不仅关注物质层面的养老需求，更注重精神、情感和社交层面的满足，推动老年人平衡、和谐的发展。

二、文化养老的内涵

文化养老，是一种更高境界的养老方式。不仅可以帮助老年人提升晚年的生活品质，还可以让他们有机会重温梦想，实现自己的人生价值。对于文化养老的内涵，可以从其本质属性来进行分析，主要包括文化养老的定义、文化养老的内容两个方面。

1. 文化养老的定义

所谓文化养老，是指老年人以文化生活为主线的生活方式，使他们更有意义地度过晚年生活。文化养老作为一种生活方式，是老年人获得相对有品质的生活的有效途径，可以让老年人的晚年生活更具活力、更有价值。

在物质养老基础得到充分保障的前提下，社会和个体开始重视老年期的精神文化生活，主要从两个方面入手：其一，在社会层面，尊重老年人参与文化活动的权利，鼓励老年人参与文化活动，为老年人提供更多参与的机会；其二，在个体层面，老年人可以参与各类文化活动，不仅可以丰富文化生活，也可以提升生活的幸福感。

2. 文化养老的内容

文化养老的内容，是文化养老的重要组成部分，可以充实生活、丰富精神世界。对老年人来说，生理机能等方面的不断衰退，会让他们在心理上或多或少产生一些负面影响，比如，孤寂、失落、消极、依赖和焦虑等。以上的文化养老内容，都有助于老年人保持积极的心态，提高生活质量，并促进老年人的综合发展。

在这种情形下，如果能够分散他们的注意力，为他们提供一些丰富多样的文化生活，就能够让他们在物质之外感觉到生活的充实与满足，从而达到一种身体和心灵之间的平衡。

随着人们素质与认识能力的不断提高，很显然，人们不再只满足于那种“有病治病”的思维模式了。在健康方面，他们认为，能够做到“没病防病”才算是一种超前的思维模式。于是，他们将“有病早治、无病早防”作为一条重要的养生原则。这就要求我们要紧跟时代的步伐，在思想方面要有大的改观。只有这样，才能更好地做好社会的文化养老工作，充分发挥我们的文化社会职能。

三、文化养老的重要意义

近年来，根据国家统计局的数据，截至2022年，中国65岁及以上人口比重达到14.9%，高于全球平均水平。这说明中国老龄化的程度已经相当高，并且面临着由此带来的挑战。老龄化人口的增加对社会经济发展、医疗保健、养老服务等方面都提出了巨大的挑战。

随着老龄化人口比例的上升，社会需要做好相应的规划和应对措施。这包括改善养老服务体系，提供更多高质量的老年护理和医疗服务，推动社会安全网的完善，鼓励创新养老模式等，努力打造一个关爱、尊重并满足老年人需求的社会环境。

在人口老龄化背景下，老龄化问题关系到经济社会的可持续发展，成为社会治理的重要组成部分。人们越来越清醒地意识到，如何让老年人过上有意义的晚年生活，已成为一项迫在眉睫的任务。然而，文化养老不仅是一种积极的生活方式，也是一种有效率的养老方式。既能提高老年人的生活质量，也能创造健康和谐的社会氛围。

中国文化讲求道义为先，文化的价值不仅是工具性的，更是道德性的。文化养老不仅是学习知识和技能，更是修身养性的具体实践。可以说，它是在老年人的精神层面上进行养老服务的一种方式，其重要意义不容忽视。

1. 培养老年人的兴趣爱好

人一旦进入老年，身体的各项功能就会逐渐衰退，生活、娱乐方面的需求也会有所降低。而文化养老的出现，一方面丰富了老年群体的生活，帮助他们养成了各种好习惯；另一方面也说明我们的社会在不断进步，人民的生活质量也在不断提高。文化养老不仅可以为老年人搭建一个多彩、创新的文化娱乐平台，提高老年人的生活品质，也可以让他们在晚年时期充满兴趣、有所追求。

2. 提高老年人的综合素质

通过文化养老，可以提高老年人的综合素质，也有助于延缓衰老。科学研究表明，如果老年人长期参与一些文化养老活动，比如，休闲娱乐、体育锻炼、文艺创作、旅游等活动，可以拓宽视野、提高文化修养、锻炼身体素质、保持心理愉悦等，不仅对老年人的身体和心理状态产生积极的影响，也可以提升老年人的健康水平和幸福感。

3. 传承优秀传统文化

优秀的传统文化是每个国家的文化瑰宝，也是老年人最为熟悉的文化领域。通过文化养老，可以向老年人传承和弘扬传统文化，鼓励他们以一种积极向上的态度面对生活，激发老人的爱国情怀，进一步增强民族自豪感。此外，通过文化活动可以营造一种尊老、爱老、助老的社会氛围，还可以促进老年人与年轻人之间的沟通交流，拉近彼此间的代沟，也可以加强民族凝聚力。

4. 促进老年人融入社会

通过文化养老，可以促进老年人融入社会，强化他们的社会责任意识。文化养老可以让老年人充分感受到社会的关爱，它可以满足老年人对社交生活的需求，增强老年人的自信心和尊严感，让他们在社会中发挥余热。与此同时，文化养老也可以让老年人更加深入地参与社会活动中来，增强对社会的责任感。

综上所述，文化养老是一项繁复的社会文化工程，也是一个适应社会发展的演化过程。文化养老不仅为老年人的晚年生活搭建了一个娱乐平台，增进了他们的身心健康，也提高了社会的整体文化素质。在不断变化的社会环境中，文化养老可以让所有的老年人老有所养、老有所学，进而老有所为、老有所乐，促进社会的和谐安定。

文化养老与自我实现

从横向来看，在老年人的生活空间里，文化养老形成了一种广泛的社会基础和氛围；从纵向看，文化养老能够在老年人的日常生活中内化于心，并不断延续、拓展。因此，促进文化养老，要聚焦于老年人的实际需求，让老年群体既养老又养心，既养老又享老，让许多老年人享受到“老有所学”的快乐。

对于文化养老这一个概念，心理学家曾用“需要”二字来解释其动机的产生，认为“需要”是个体积极性的重要动力。当原有的“需要”得到满足后，新的“需要”就会随之产生。一般来说，只有满足了较低层次的需求，较高层次的需求才会有足够的活力驱动行为。自我实现是人的最高需求，而老年人的自我实现主要体现在自我认同、社会适应、终极关怀三个方面。这三者是相辅相成的，是有机地联系在一起的。

自我认同和社会适应为老年人提供了社会参与和情感支持的平台，促进了其自我实现的机会和动力。因此，在老年人的自我实现过程中，重视自我认同、社会适应和终极关怀的培养和满足，可以帮助他们保持良好的心理状态和生活质量，实现个体发展的全面性和完整性。

一、自我认同

老年人的自我认同受到内在条件和外在条件的制约。

内在条件主要是指老年人自身的条件，包括老年人的认知能力和健康状况。第一，老年人的自我认同需要一定的认知能力的支撑。总体来看，中低龄老年人的认知能力下降幅度较小，高龄老年人的认知能力下降比较明显。第二，老年人的自我认同还受到自身健康素质的影响。随着社会保障制度的建立健全，人民物质生活水平大幅提高，我国老年人的总体健康水平提升，从而构成了老年人自我认同的基础条件。[①]

外在条件主要是指环境因素的影响。在我国，“五个老有”是老龄工作的目标。其中，老有所养和老有所医是老年人的基本需要，主要包括老年人在经济、健康医疗和生活照料上的需要；老有所学、老有所为和老有所乐，则主要侧重于老年人在社会参与和精神文化层面的需求。

现代社会中，知识更新的速度逐渐加快，老年人的权威逐渐下降，道德的制高点不再以年龄和资历为基础，人与人之间的关系更加平等。然而，中国文化重视自我修养的传统却并未发生任何的改变。可见，中国传统文化也影响着老年人的自我认同。

---

① 孙文基．建立和完善农村社会保障制度 [M]. 北京：社会科学文献出版社，2006：86–100.

中国儒家经典《大学》中指出："自天子以至于庶人，壹是皆以修身为本。"从个人起始的修养品性，其历程从格物致知、诚意正心，再到修身齐家，最后到达治国平天下的境界；从自己到家庭，再到国家以至天下，是人性不断成熟的展现。在中国文化传统里，老年人的道德修养达到了人生的巅峰。因此，老年人不仅是家庭的权威人物，还是社会的道德楷模。

近年来，我国老年教育一直在蓬勃发展，老年人通过实践不断地完善自我，并建立积极的自我认同。正是这样一种文化力量，使得老年人更加具有生活的智慧，尤其是那些能够在逆境中依然保持乐观态度的老年人，他们会通过不断努力，去实现个人抱负和社会理想。

二、社会适应

进入老年期后，大多数人的各项机能都会逐步下降，身体素质也会随之下降，这是一种不以人的意志为转移的自然规律。在这一时期，只有认识和接受老年期带来的一系列变化，并做好相应的准备，才能更好地继续社会生活。文化养老既是老年期社会适应的价值指引，也是老年人社会适应的实际践行。

在家庭生活中，我国传统文化向来重视相濡以沫、荣辱与共的夫妻关系。发展到现代社会之后，由于子女数量减少、居住分散，夫妻关系的重要性逐渐增强。相关研究显示，婚姻满意度从中年期到老年期一直在不断地上升，到了老年期会达到最高峰。因为老年期的夫妇完成了抚育孩子、平衡职业与家庭的要求等任务，关系就会更加稳定。当然，也有很多老年人为了帮助子女照看孩子，牺牲了自己的休闲时间，这就体现出老年人持守的家庭理念，也为社会发展做出了间接的贡献。

在社会生活中，老年人原来的社会关系逐渐减少。当老年人试图将重心转向家庭时，自然需要建立一种新的社会关系。在此期间，老年人可以参与各类社会文化活动。随着角色转变的适应，老年人会逐渐接受自己退休后的新角色，并开始主动安排自己的生活。由于科学技术的不断发展，老年人的社会适应不仅需要自身的努力，还需要社会的大力支持。

三、终极关怀

人作为一种自然存在物，寿命是有限的，这就说明每个人都会面临死亡问题。随着岁月的流逝，年龄的增长，老年人终将要面对人生的终极问题——死亡。大多数情况下，这是一个逐渐发生的过程。但有时由于各种意外情况的发生，也会让人们感到猝不及防。

在现实生活中，人们对死亡更是产生了一种恐惧心理。尤其是老年人，他们对“死亡”二字十分忌讳，所以对这个问题总是避而不谈，子女们更是只字不提。根据美国心理学家埃里克·埃里克森提出的生命周期理论，我们得知，随着年龄的增长，老年人常常面临身体机能下降、健康问题增加的挑战。他们需要适应身体变化，需要采取积极的健康管理和生活方式调整，以保持身体的功能和舒适感。

埃里克森认为，每个人不仅要认识到生命会通过子子孙孙而得以延续，还要认识到社会作为一个整体仍会继续下去。如此一来，人们对于死亡就不会再那么恐惧，在心理方面也会得到一些平衡。不难看出，埃里克森提出的生命周期理论与中国文化中的老年观是一致的。树立积极的老龄观和正确的死亡观，不仅可以让老年人从容地面对和接受死亡，也可以提高老年人的暮年生活质量。

综上所述，对老年人来说，文化养老是他们追求更有意义的生活的社会实践，也是建立新的社会关系的有效途径。进入老年期后，就要多参与交往式的文化活动，从而为老年人探究生命意义提供良好的契机。

第七章　文化养老模式的发展研究

第一节　文化养老的模式

现阶段，在养老问题上存在着各种各样的说法，比如，“养老方式”“养老形式”“养老模式”“养老体系”“养老制度”等诸多称呼。相对而言，“养老模式”才是养老问题的根本。想要进一步认识和解决养老问题，必须了解和解决养老模式的问题。

养老模式的定义

所谓模式，是指“被社会所承认的、同时允许存在个人差异的诸限界”[①]。模式是一种认识论意义上的思维方式，是人们在生产生活实践中通过积累而得到的一种升华。同时，它也是一种方法论意义上的解决路径，是人们把解决某类问题的方法予以总结归纳，再运用到社会实践中，以达到高效

① 拉尔斐・比尔斯．文化人类学 [M]. 石家庄：河北教育出版社，1993：38-39.

解决问题的目的。

一、养老模式的表达方式

关于养老模式的概念，相关学者从多个方面对养老模式的概念进行了界定。研究表明，由于视角不同，对于养老模式这一概念的界定也随之不同。其中，最为典型的有“服务体系”说、“制度安排与保障机制”说、“方式路径”说、“责任和义务”说这四种表达方式。

1.“服务体系”说

“服务体系”说认为，养老模式就是一种实现养老目标的社会组织体系，主要由家庭、社会、政府组成不同主体、不同责任分工、不同方法路径。这种观点强调了养老的服务性、复杂性和系统性。

2.“制度安排与保障机制”说

“制度安排与保障机制”说认为，养老模式就是一种基于制度安排与保障机制的晚年生活。在完善养老保障制度的建设过程中，家庭养老作为“非正式制度”具有重要的价值，而与之融合发展的“正式养老制度”也是必要的。这一观点将养老模式归结为养老政策或者养老制度，认为养老是由政府主导的一种文化制度安排，甚至将养老提升为应对人口老年化的国家战略和对策。[①] 这一观点重在强调养老的政府责任和政策属性，突出国家行为或政府行为在养老方面的重要作用。

3.“方式路径”说

“方式路径”说认为，养老模式是指在养老过程中长期沿用并流传下来的样板、方式或规范。它代表一种养老的方式和做法，是基于特定的社会背景、文化传统和价值观念所形成的。有关研究人员认为，养老模式的核心在

---

① 吴向华．家庭养老：我国最重要的养老方式之一 [J]. 宁夏党校学报，2008（11）：50–52.

于它是一种方法路径，这种方法路径是在一定的宏观背景下，对实践中各种养老主体的养老经验和做法进行的理论上的总结，进而形成的一个稳定的、系统的、典型的方式和方法及其组合。[①] 养老模式反映的是老人和其他社会主体的关系问题，对于不同的老年人，养老存在着大量的个性化差异。对多种多样的养老方式进行概括，提炼出所谓的养老模式。

4.“责任和义务”说

“责任和义务”说认为，在实践中，家庭养老、社会养老和自我养老并不是相互独立的，而是可以相互影响和共同存在。在不同的文化和社会背景下，养老模式的重要性和实际运作可能有所不同。综合考虑家庭、社会和个人的角度，构建全面、多层次、多元化的养老保障体系，才能更好地满足老年人的养老需求和保障老年人的权益。这三种养老方式并不是相互排斥的，而是相互补充和结合的。

从本质上说，养老模式是一种文化模式或文化体系，是在一定的文化和价值观的指导下，由家庭、社会、政府组成的养老共同体中经过长期实践形成和流传下来的、为社会所广泛认同并受社会经济发展水平所制约的一种养老范式，具体包括养老思想、价值观念和行为方式，以及与之配套的社会主体、场所、资源、设施、政策和法律体系。

二、养老模式的特性

归根到底，养老模式的选择是由生产力水平、社会结构、家庭结构及文化类型所决定的。一般来说，养老模式具有以下三个基本特性：

第一，形式的广泛性。无论是哪一种养老模式，在其框架下都包含多种具体的养老方式或运行方式。养老模式作为一种基本价值观，具有稳定性和长期性。但是，作为具体的运作形式，养老方式则是不稳定的、多变性的。

① 夏磊．多元化养老模式选择研究 [D]. 杭州：浙江财经学院，2012：1–59.

就家庭养老而言，无论是与子女共居还是分居，是居家养老还是到敬老院、住老人公寓，是子女照顾还是雇人照料，都属于家庭养老。

第二，内容的唯一性。无论采取哪一种养老形式，一种养老模式的“终极支持力”的来源是唯一的，或者说是主要的。比如，家庭养老，其“终极支持力”的来源始终只能来自子女、配偶或亲友，否则就不属于家庭养老。

第三，鲜明的时代性。养老模式随着社会的发展和变化而演变，具有鲜明的时代特征。不同的时代背景和社会环境对养老模式的需求和实践方式有不同的影响。在不同的社会发展时期，为了适应时代的发展需要，必然需要改变一个人的养老模式。可以说，时代性是养老模式得以存在和发展的基础，也是其生命力之所在。

时代性对养老模式的发展具有决定性影响。随着社会经济、科技、价值观念的变革，养老模式也在不断适应和演进。在制定和推行养老政策时，需要充分考虑到不同时代的特征和需求，寻求合适的模式和策略，以实现老年人的全面福祉和社会发展的可持续性。

养老模式的类型

数据显示，截至 2021 年，我国 65 岁及以上人口为 19064 万人，占 13.50%。预计到 2050 年前后，我国老年人口数将达到峰值 4.87 亿，占总人口的 34.9%。这一趋势对社会、经济和养老模式都带来了重大的挑战和影响。

随着老年人口的增加，养老保障、医疗服务、社会福利等方面的需求也将大幅增加。政府和社会组织需要采取措施，确保老年人能享受到合适的养老服务和福利待遇。此外，老年人口占总人口的比例也将对社会经济结构和劳动力市场产生影响。劳动力供给可能会减少，对社会和经济的影响需要我们认真思考和应对，以确保可持续的社会发展。

自养老问题产生以来，虽然养老模式的基本类型尚未形成定论，但也在无形中达成了一种共识。这就证明，决定一种养老模式的基本因素包括大众化的主体、较高的社会认同度、历时性和稳定性。在老龄化越趋严重的情况下所带来的就业、退休年龄、医疗、社保、养老等问题也急剧增加。那么，未来养老该何去何从？

从目前来看，目前国家也在大力发展养老行业，就是为了满足老年人口老有所依、老有所养。基于此，我们认为，现存的基本养老模式主要有家庭养老、机构养老和居家社区养老这三种类型。

一、家庭养老

家庭养老是一种由子女承担父母养老责任的分散养老模式。在这种模式中，子女承担起照顾和赡养老年父母的责任，这种责任常常是基于血缘关系和家庭纽带而产生的。家庭养老依赖于亲情和家庭成员之间的相互支持和照顾，强调子女对父母的尊重、关爱和经济供养。因此，这种模式可以被细分为纯粹的家庭养老和社会化的家庭养老两种类型。在推进养老政策和养老服务时，需要充分考虑到不同文化和社会的特点，实现家庭养老模式和社会养老模式的有机结合，以满足老年人的养老需求。

1. 家庭养老的核心

研究证明，家庭是一个血缘团体，养老是家庭的基本功能之一。家庭作为一个血缘团体，包括父母和子女之间的关系，涵盖了亲情、责任和义务。在这种模式下，父母在子女成长期间承担抚养和教育责任，而子女在父母年老时负责赡养和照顾。家庭养老模式的核心是建立在家庭成员之间的血缘联系上。这种血缘联系是一种情感和道德纽带，在传统文化和价值观念中具有重要地位。

2. 家庭养老是一种文化模式

在不同的文化和社会背景下，对家庭养老的看法和重视程度可能存在差异。在西方国家，相对崇尚个人利益，东方国家通常更注重集体和家庭利益，家庭的联结和对家庭成员的责任认同较为强烈。孔子曾说“父母在，不远游”，就典型地提出养老责任高于个人发展的观念。这种差异形成的原因与历史、文化、政治和经济等多种因素密切相关。无论哪种养老模式，都应该充分尊重各文化的差异，寻找合理的平衡点，以确保老年人得到适当的照顾和支持。

在传统社会，家庭养老模式常常被政治化。家庭养老责任被视为一种社会义务，而政府或统治者常常通过政策、法律或道德规范来强调和管理家庭养老。在当今社会，家庭养老模式更加伦理化。到了老龄社会时期，家庭养老模式逐渐法律化。

3. 家庭养老模式所反映的社会家庭关系

家庭养老模式是由多种因素整合而成的产物，其中包括社会、经济、思想、环境、群体和民族等多个方面的因素影响。一方面反映了社会各层对老年人的态度，子女对父母的赡养责任是基于道德和伦理观念的体现，这种责任认同和照顾行为反映了社会对老年人的尊重和关怀；另一方面反映了社会对老年人双重性的认定。家庭养老模式强调了家庭成员之间的互助和照顾关系，突显了家庭在养老问题上的角色。

二、机构养老

机构养老是一个涵盖广泛的概念，指的是老年人选择在专门的机构或机构设立的养老场所中居住和接受养老服务的一种养老方式。这种方式通常需要借助国家资助、亲人资助或老年人自行支付以支持养老服务的提供。

需要注意的是，这些机构致力于为老年人提供全方位的服务，包括饮食起居、清洁卫生、生活护理、健康管理和各种文体娱乐活动等，以满足老年人的生活需求和提升生活质量。因此，选择合适的养老机构和对其进行仔细评估是非常重要的，以确保老年人得到良好的照护和居住条件。

1. 机构养老的范畴

在我国，机构养老仅仅作为家庭养老的补充形式存在，主要包括公共机构养老、民营机构养老及公私合办机构养老三种类型，即福利性机构养老、市场性机构养老和半福利半市场性机构养老。

20 世纪 80 年代，我国首次提出了“社会养老”这一概念。在这一阶段，主张提倡建立养老院、敬老院、福利院等公共养老机构，这些机构主要面向一些特殊群体，如贫困老人、无家可归者、残疾人等，强调社会福利和再分配的功能。到 90 年代之后，随着社会养老的范畴不断延展，市场化的民营养老机构开始应运而生，并成为机构养老的主体。

需要注意的是，不同国家和地区对养老模式采取了不同的发展路径，因此具体的实践情况可能会有所不同。在日益老龄化的社会中，养老模式的多样化和全面发展是解决养老问题的重要途径，需要政府、社会和市场的共同努力。

2. 机构养老的优劣势

相对于家庭养老和社区居家养老，机构养老有自身的优势和长处。如规范的管理制度、完善的设施与设备、专业化的护理、多样化的养老服务等。但是，机构养老的局限性也显而易见，主要表现在以下三个方面：

第一，国家福利体系制度框架下的局限性。由于该类养老机构的服务对象有限，主要是“三无”老人。“三无”老人通常指的是城乡居民中 60 周岁以上的老年人，主要具备三个特征：一是无劳动能力，二是无生活来源，三是无赡养人和扶养人，或者赡养人和扶养人缺乏能力。由于没有竞争发展意识，工作人员的待遇与经营状况关系不大。于是，就容易出现管理松懈、人浮于事等低效率现象。

第二，市场化带来的负面效应。养老机构的发展离不开市场化，但是民营养老机构主要面向经济条件较好的高龄老人，以及失能或半失能老人，经营成本较高。出于对利润的追求，养老机构的收费较高，一般的老年人是难以承担的。从总体上看，民营养老机构的床位闲置率较高，资源利用率不高，从而导致自我发展能力不强。[①]

第三，集约化管理降低了吸引力。在机构养老模式下，老年人面临离开家庭的挑战，心境的变化是正常的反应。在老年人看来，这不仅仅是空间上发生了变化，他们的心境也会随之发生变化。机构养老的集约化居住方式和统一的管理模式，与家庭养老有所不同。在机构养老中，老年人选择离开家庭环境，进入专门的养老机构生活。因此，可以说机构养老可以视为家庭养老的一种终结性选择。

进入养老机构之后，老年人就会失去对自我生活的自主，失去了一种情感的寄托。需要注意的是，机构养老对一些老年人来说也可能带来一些好处和改善。养老机构提供专业化的照护和服务，可以满足老年人在生活上和健康上的需求。

从目前来看，中国的社会福利制度还不够完善和全面，还不能保证大多数老龄人能在失能或半失能阶段进入养老机构。因为进入养老机构还需要具备一定的条件，也就是说，能否进入养老机构，除了要靠自身的经济条件，也离不开子女一代的经济支付能力，尤其是一些商业性养老机构情况更是如此。另外，机构养老也不可能离开政府和社会的支持。因此，现实中并不存在绝对的机构养老。

① 穆光宗．我国机构养老发展的困境与对策 [J]. 华中师范大学学报（人文社会科学版），2012（2）：32.

三、社区居家养老

社区居家养老是一种新兴的养老形式，又被称为社区居家养老服务。它强调以居家为基础，以社区养老网络为依托，提供综合的养老服务，旨在让老年人在熟悉的家庭环境中获得专业化、个性化的养老照顾。

社区居家养老服务的重点是提供上门服务和社区日托，以满足老年人的生活和照顾需求。上门服务可以包括日常生活援助，比如协助进食、洗漱、清洁等，也可以涵盖医疗服务，如定期体检、药物管理等。社区日托提供临时居住、社交活动和康复护理等服务，让老年人在白天或需要的时间段内得到专业照料。

社区居家养老的优点是帮助老年人保持独立，延长他们在家庭中的居住时间，并提供灵活、个性化的养老服务。老年人可以在熟悉的居家环境中生活，保持与家庭和社区的联系，同时得到专业人员的支持和护理。这种养老模式也有助于减轻养老机构的压力，提高资源的利用效率。

根据发展成熟的程度，社区居家养老分为过渡状态的社区居家养老和完全意义的社区居家养老。无论是哪种模式，其目的都是提供专业、个性化的养老服务，特别关注生活不能自理的高龄“三无”老人和贫困老人。这种养老模式的推进需要各方的共同努力，以满足老年人日益增长的养老需求。

1. 社区居家养老的来源

社区居家养老是传统家庭养老的历史延伸，它是指老年人选择在自己的家中生活，同时依靠社区的支持和服务来满足日常生活的需求。与集中居住在机构养老相比，社区居家养老更强调老年人在熟悉的家庭环境中获得养老支持。在不同的时期、经济条件和社会关系下，社区居家养老的性质、内容和方式可能会有所不同。

居家养老主要强调老年人的居住方式，即老年人选择在自己的家中进行养老，而不是入住养老院或护理机构。在这种模式下，老年人可以在熟悉和舒适的家庭环境中生活，同时享受家人的关爱和陪伴。而家庭养老主要关注的是养老费用的承担方式。可见，居家养老和家庭养老从不同角度上探讨了家庭与养老的关系，但都突显了家庭在养老中的重要作用，并体现了社会对家庭养老的关注和支持。

2. 社区居家养老与家庭养老的共同点

第一，从居住方式来看。养老模式的选择在不同国家和文化背景下可能存在着一定的差异。在许多国家和文化中，家庭养老是主要的养老模式。大多数老年人选择分散居住在家庭中，依靠子女、配偶或其他亲属提供照料和支持。这种情况在东方国家和许多西方国家都很普遍。

第二，从养老费用来源来看。在其他国家或地区，个人或家庭自己承担老年人的养老费用更加普遍。家庭成员在这种情况下会承担较大的经济责任，包括支付医疗费用、护理费用，以及提供生活所需的支持和照料。在一些发达国家，政府养老金是主要的养老费用来源，居家养老的老年人通常能够获得政府提供的养老金和其他社会福利。

第三，从老年人生活服务的承担方式来看。在我国，居家养老和家庭养老的老年人主要依赖自己和家庭成员来承担养老服务的责任。这是由中国的传统文化、家庭价值观念，以及社会福利体系的不同所致。社会提供的助老服务在中国相对较少，尤其是在资源相对有限的农村地区。相比之下，一些西方发达国家在养老服务方面更加强调社会的参与和支持。

无论在哪个模式下，老年人的需求和福祉都应该是最关键的考虑因素。即使在家庭养老的模式下，社会助老服务的发展仍然可以提供额外的支持和选择。因此，居家养老和家庭养老的概念应该在不同国家和地区根据实际情况进行理解和运用，且社会助老服务的发展应当注重保障老年人的福祉和满足其多样化的需求。

3. 社区居家养老与机构养老的联系

社区居家养老是一种与集中居住在养老机构相对的养老方式，既适用于家庭养老，也适用于社会养老。从家庭养老方面来说，社区居家养老强调老年人在自己的家庭中居住，并通过社区提供的支持和服务来满足他们的日常需求。从社会养老方面讲，社区居家养老也是一种可行的模式。社会养老指的是老年人无法在家庭中得到足够的照料和支持时，通过社会提供的助老服务来满足他们的养老需求。概括来说，社区居家养老是一种“不离家的社会养老”，是人类养老思想认识上的一次飞跃。

在社区居家养老服务的模式下，老年人通过社区被纳入了社会化养老服务体系，这对于满足老年人的各类需求和提供相应的支持具有重要意义。社区居家养老服务的发展使得老年人能够在社区中继续居住，并享受到社会提供的各种养老服务。同时，机构养老也经历了功能定位的变化。传统的养老机构主要承担照顾生活不能自理的老人或者失能半失能老人的基本养老服务。因此，相对于传统的家庭养老和机构养老，社区居家养老更加受到人们的欢迎。

总体而言，社区居家养老服务的发展和多样化养老服务的提供为老年人提供了更多选择和更好的养老环境，使他们能够在社区中获得全方位的支持和关爱。这也是一种社会进步和养老服务模式的创新，有助于满足老年人多样化的需求与福祉。

第二节　传统文化对养老模式的影响

不同国家，赡养老人的方式各有千秋，在对待老年人的问题上所采取的措施也不尽相同。长期以来，中国及受中国文化影响的东亚国家一直奉行家庭养老。对于欧美国家而言，则流行社会养老。“这种差异产生于有关赡养老人的含义与认同上的文化差别”[①]。主要表现在四个方面：

第一，中国文化趋于依赖子女，西方文化则赞同独立。在中国传统文化中，尊重家庭和亲情关系被视为重要的价值观。西方国家则普遍提倡个人自主和自立，重视个人权利和选择。

第二，中国文化更敬重长者，西方文化则更提倡平等。在中国传统文化中，长者应该受到尊重和敬重。西方文化则更加注重平等和公正。

第三，中国文化中的孝敬是以责任、义务为基础的，西方文化中的孝敬则是以自由、尊敬为基础的。在中国文化中，孝敬父母被视为道德和伦理的责任。在西方文化中，孝敬父母更加强调自由和尊敬。

第四，中国传统社会没有为所有人提供社会福利和服务，而西方国家有比较完善的社会福利保障。在中国传统社会中，家庭和亲人的支持被视为主要的社会福利来源。西方国家倡导社会福利制度，包括医疗保险、养老金、失业保障等。

需要指出的是，在当代社会，中国和西方的文化传统都在发生变化，并受到了不同程度的影响。因此，这些观点只是一般性的概括，并不能代表所有个体和情况。同时，在世界不断接触和交流的背景下，中国和西方之间的文化差异也在逐渐减少。

一、孝文化对家庭养老的影响

孝道是我国社会之基、治国之策，更是养老之道。孝之所以被称为“道”，不仅与农业社会物质资料再生产的客观要求有关，也与人类自身的再生产有关。孝在中国文化中具有广泛的文化综合意义，包含着多种文化意蕴。可见，孝文化对家庭养老的确立和发展发挥了至关重要的作用。

---

① 哈尔·肯迪格 . 世界家庭养老探析 [M]. 北京：中国劳动出版社，1997：273.

1. 监控作用

孝文化对家庭养老的监控作用主要表现在：社会的舆论压力和相关政策的调控这两个方面。而家庭养老的关键在于子女的行为，但是也离不开社会的强力支持。中国人向来“重名声”“好面子”，尤其是在中国“不得乎亲，不可以为人；不顺乎亲，不可以为子”的文化氛围下，社会舆论具有十分强大的约束力。在现实生活中，即使有一小部分儿女产生了厌老弃老、不愿意赡养老人的念头，但是在社会舆论的巨大压力下，他们也会硬着头皮去尽儿女的义务。

在一些重视传统的国家，为了实现家庭养老，还特意制定了一些尊老法律。法律规定：肆意殴打和谋杀长辈亲属者，会被视为“恶逆”罪；控告或诟骂长辈亲属者，会被视为“不孝”罪等。凡是犯有恶逆或不孝等大罪者，非绞即斩，不准赎免，也不准缓刑，都免不了会被处罚。

2. 强化作用

孝文化对家庭养老的强化作用主要表现在：将尊老敬老的责任赋予在家庭养老中，并通过社会教育、家庭教育和国家行政手段强力推行，通过伦理道德和法律制度进行双重倡导和监管。在传统观念中，孝道是一种道德和伦理义务，被赋予了很高的社会地位。孝顺父母被认为是一种天经地义的行为，并应该由每个子女来承担和履行。这就意味着，家庭养老已成为社会的一部分，一种必然的行为，而非取决于个体的选择。它不仅仅是个别家庭的行为，而是涉及整个社会的责任和义务。

3. 导向作用

孝文化对家庭养老的导向作用主要表现在两个方面：第一，以“经”的形式具体规定了家庭养老的内容。为了保证对父母的物质赡养和精神赡养，做子女的必须随侍父母左右。第二，孝文化又进一步指明了家庭养老中的精神目标，即通过规范人们的敬老养老、慎终追远行为，达到“民德归厚”的目的。比如，《论语》中讲：“其为人也孝弟，而好犯上者，鲜矣。不好犯上，而好作乱者，未之有也。”①

就其本源和核心而言，孝文化是一种家庭养老文化。孝文化的出现与敬老养老问题相关联。可以说，孝文化是家庭养老的价值基础和文化依托，而家庭养老又是孝文化调整、规范子女行为的实践表现。

二、西方文化对社会养老的影响

随着时间的推移和社会变迁，西方国家的养老模式发生了一些变化。1601 年，英国颁布的《伊丽莎白济贫法》中便明确了家庭的照料责任原则，即家庭肩负支持和照料其老年成员的义务。② 西方社会养老是社会发展到一定阶段的历史产物，它以社会生产力和社会保障的高度发展为其经济基础。

随着经济的日益繁荣，服务性行业的日渐增多，这一系列显著的变化都为西方社会老年人的赡养由家庭转向社会创造了必要的条件，也为政府和社会共同赡养老人提供了更大的可能性。

1. 社会养老的来源

社会养老主要的来源包括商业养老保险与国家的社会养老保障制度。商业养老保险是一种由专门的保险公司提供的保险产品，其目的是为个人提供在退休或老年时期的经济保障。商业养老保险的具体条款和福利范围会因保险公司和合同的不同而有所差异。

另一个重要的来源是国家的社会养老保障制度。不同国家建立了各自的社会养老保障制度，旨在为老年人提供生活保障和福利。通常包括国家养老金计划或养老金制度，老年人可以根据自己的缴费历史、年龄等条件，享受国家提供的养老金福利。具体的社会养老保障制度会根据国家的法律、政策

---

① 姚远．对中国家庭养老弱化的文化诠释 [J]. 人口研究，1998（5）：49.

② 俞金尧．西方家庭史研究概况 [N]. 光明日报，2000-12-15.

和经济状况而有所不同。

1948 年，英国建立起了世界上第一个全面的社会福利体系，被称为“福利国家”。这一体系包括社会养老保险、医疗保险、失业保险等多个领域，旨在通过国家的干预和保障来提供公民的基本福利。这就标志着以社会养老替代家庭养老的“去家庭化”从此正式拉开了序幕。

自此以后，在经济迅速发展的支撑下，西欧国家的社会养老制度开始不断膨胀。10 年后，也就是到了 1958 年，几乎所有的西欧国家都顺利完成了养老保险制度的立法工作。在相对健全的福利体系保障之下，老年人不仅可以得到应有的收入和医疗保障，还可以在生活服务和参与社会等多方面得到良好的照顾。

伴随着社区和社工组织的日益完善，居住在家中的自主养老也成为西方社会养老的一种主要方式。于是，那些具有自理能力的老年人便多了一项选择，他们更愿意独居。数据显示，在英国，75 岁以上的老人中，超过一半人都选择了独自生活，人数大约为 200 万人。而在美国，65 岁以上的人群，有三分之一选择了独自居住。

2. 西方文化对社会养老制度的影响

社会养老制度最先产生于欧洲。它的产生不仅与工业革命所带来的经济水平的提升和产生福利制度有关系，同时也与其历史传统和文化背景有直接关系。可以说，社会养老制度是欧洲历史传统和文化背景的必然产物。

第一，养老并非子女的必然责任。在西方文化中，没有大家庭传统。[①] 对西方人而言，他们根本无法接受自己的晚年期要时刻依附于他人。由于受个人养老观念的影响，大多数西方人在年轻时就开始考虑自己的养老问题。他们主要通过个人积蓄、投资收益、退休金，以及社会保险收入等方式，为

① 潘光旦 . 潘光旦选集：第二集 [M]. 北京：光明日报出版社，1999：383.

自己的养老做着充分的准备。

第二，亲子之间的情感比较淡漠。在西方社会，父母与子女间的感情比较淡漠。不仅如此，人与人的亲密关系也并不是全部源于血缘宗族，而是来自于共同的信仰。西方的这些教化观念对老年人来说或许不利，可能会导致老年人在社会和家庭中失去应有的尊重和赡养。

第三，以血缘为基础的家族观念淡漠。研究表明，在工业革命的发生及发展期，西方的家庭制度与东方的家庭制度完全不同，它并不是从根式家庭或复合式大家庭向核心家庭过渡。西方人认为，一个家庭存在的基础既不是血缘，也不是感情，而是在家庭中发挥的作用。也就是说，在西方国家，一个人虽然拥有“家庭成员”这一身份，但并不完全是因为血缘关系，而是因为他在家庭中发挥了主要作用。

以美国为例，在鼓励个人发展的观念占据主流的美国社会，他们的子女也十分独立，很早就会离开家庭独自工作和生活。不仅如此，他们的父母也认为，子女一旦成家立业，就理所应当搬出去住。在这种“接力式”的代际关系下，法律对于子女是否进行家庭养老并没有约束。

因此，在美国的法律中，并没有像中国法律那样明确规定子女有供养父母的经济责任。也就是说，在西方人的家庭观念中，虽然上一代对下一代有抚育义务，但是下一代对上一代却没有赡养义务。

三、中西方文化对社区居家养老的影响

在全球化的背景下，跨文化交流日益频繁，中西方的养老文化也在相互影响和交流中发生着一些改变。于是，一条中式与西式养老模式相结合的中庸之道出现了，即东方家庭养老社会化、西方社会养老家庭化。从当前来看，“居家养老＋社区照料”型养老模式已经成为适合中外最广大老年人需求的理想模式。

1. “西学东渐”与中国家庭养老的社会化

长期以来，我国将家庭养老当作基本的养老形式。随之，又出现了社会养老、机构养老、自我养老等诸多辅助养老形式。20 世纪 80 年代，我国进入了家庭赡养义务的居家养老阶段，在这个时期，中国家庭普遍以家庭为基础，照料和赡养老年人的职责主要由家庭成员承担。20 世纪 90 年代，我国进入了以社区服务业发展为契机的居家养老启动阶段，这个阶段的特点是，随着城市化的加速和社会结构的变化，传统大家庭结构逐渐瓦解，家庭养老面临着新的挑战。等到 2000 年以后，我国便正式进入了以“居家供养为基础”的社会服务体系逐步完善阶段。在这个阶段，中国政府意识到居家养老的重要性，并开始大力推进居家养老服务体系的建设。从当前情况来看，我国已经进入全面推进居家养老服务的阶段，社区居家养老也已经成为我国政府大力提倡的养老方式。

2. 西方社会的“去机构化”

对西方发达国家而言，它们不仅经济基础雄厚，社会保障也较为完善。毋庸置疑，机构养老和专业化服务在其中发挥了重要作用。20 世纪 50 年代，由于那时的机构养老模式还不符合老年人的生活习惯和养老需求，养老院就像一座被伪装起来的收容所，又像是一座纯粹的集中营。对于那些独居型的自助养老，除了会给政府带来巨额的财政负担，还会让老年人倍感孤独。于是，“去机构化”运动逐渐在西方发达国家展开。

20 世纪 90 年代，一些发达国家面临着人口老龄化与低生育率的双重困境，社会保险制度已使西方各国不堪重负。为了缓解政府养老的巨大压力，英国开始将那些长期住院护理的老年人转移到社区照顾。此后，由政府承办的养老机构数量逐渐下降，越来越多的私人养老院承接起养老服务。

需要注意的是，在此期间，如果过分依赖市场来解决养老问题，就会加剧养老服务的不稳定性。在一些养老院里，甚至还出现了护工虐待老人的丑闻。正是在此背景下，西方各国政府开始青睐中国的“养儿防老”和“家庭养老”——祖父母、子孙一起生活，分享真正人生乐趣的三世同堂，积极倡导由国家、社会和个人共同承担养老重任的改革。

随着近代中西方文明交流的日趋频繁和有效融合，西方社会的机构养老及自主养老模式开始向居家互助型养老模式转变。然而，在这一过程中，由于欧美福利国家自身文化背景与法律等因素，家庭服务在居家养老中占有的比重很小。在大多数西方国家中，他们的居家养老并不是依靠家庭，而是由传统的政府机构养老发展而来的。

由于文化背景的不同，他们重在强调社会化服务和社区的作用，并将照顾、赡养老人的义务都归于政府，从而呈现出了明显的社会化特点。与欧美国家有所不同的是，中国居家养老的概念并非源自社区照顾，而是从家庭及成年子女对老人的赡养义务开始提出的。相对而言，中国居家养老似乎更加重视家庭在居家养老中的作用，而且大多数都是以法律的形式来确定家庭在居家养老中的重要地位，让进入老年期的人们能够无所顾忌、心无旁骛地度过晚年。

第八章　中国特色养老模式的实践

第一节　老年人多元化需求与机构养老

现阶段，我国实行的是多种养老方式共同发展的养老模式，即多元化养老模式。这种养老模式可以减轻家庭压力，提供更专业和有针对性的服务，尤其对需要特殊照顾的老年人非常有帮助。因此，老年人可以根据自身的需求意愿和条件自主选择适合自己的养老方式。不同的养老方式各有优势和限制，老年人和家庭可以综合考虑各种因素，选择最适合自己的方式。

需要注意的是，在推行多元化养老模式时，我们也需要关注养老服务的质量和监管，确保老年人能够获得优质的照顾和支持。同时，加强养老服务人员的培训和专业化，提高服务质量和水平，以确保老年人享受到有尊严和优质的养老生活。

多元化需求与养老机构的选择

随着社会经济的不断发展，机构养老已不仅仅是救济性、福利性的养老机构，还是一种由民办或政府办的疗养院、养老公寓、老年人护理中心、社区托老机构等多种形式的现代化养老机构。不同形式的养老机构，会为老年人提供不同的选择，从而满足老年人在养、疗、学、乐等多方面的需求。那么，老年人究竟应该如何选择养老机构呢？

一、需求意愿

选择养老机构是个人和家庭的重要决策，确保尊重老年人自身的需求和意愿是至关重要的。有些老年人可能出于各种原因选择居家养老，而有些老年人可能会更倾向于选择养老机构。

老年人对入住养老机构的意愿因人而异，取决于个人情况、健康状况、家庭支持、个人偏好等多个因素。尊重老年人的意愿和需求是选择养老机构的首要原则。同时，家庭成员和专业机构可以向老年人提供信息和支持，帮助他们做出符合他们最佳利益和福祉的决策。

2009年的北京市政协调查显示，参与调查的北京老人中有24.5%表示希望将来入住养老机构。这一数据反映了一部分北京老年人对养老机构的意愿和需求。这些老年人可能出于各种原因，如健康状况、居住环境、社交需求等，对入住养老机构抱有期望。养老机构提供专业的医疗护理、安全的居住环境、社交活动和照料支持，能够满足他们的养老需求。老人们纷纷表示，为了不给子女们增加负担，在养老机构养老是最佳的选择。

二、需求类型

通常情况下，我国将老年人按照其日常生活自理能力的情况进行分类，分为自理老人、介助老人和介护老人三类。

1. 自理老人：指那些能够完全自己照顾自己日常生活需求的老年人，他们在身体健康和功能上都比较良好，能够独立居住并自主管理日常事务。

2. 介助老人：指那些在日常生活行为中需要一定程度的辅助设施或他人帮助的老年人。他们相对于自理老人来说，在某些日常活动方面需要额外的支持，但仍然相对独立。

3. 介护老人：指日常生活行为依赖他人护理的老年人。介护老人通常因为健康状况、行动能力或认知功能的问题，无法独立完成日常生活的各项活动。

这种分类方式有助于了解老年人的养老需求和提供相应的养老服务。对于自理老人，可以提供一定的社区支持和关爱，帮助他们保持健康、积极参与社会活动；对于介助老人，可以提供辅助工具和适度的帮助，以增加其日常生活的便利性和安全性；对于介护老人，需要提供更全面的护理服务，以满足他们的基本生活需求和保障安全。

不管是哪种类型的老年人，对于养老机构的需求都是建立在“需求意愿”的基础上。当前来看，我国的老年人对养老机构的需求意愿比例变得十分可观。可以说，意愿是不容忽视的，这是老年人选择机构养老的重要前提。

2000 年，我国进行了中国城乡老年人口状况一次性抽样调查，数据显示：在城市地区，有 14.6% 的老年人存在一项以上的日常生活能力困难。这意味着这部分老年人在进食、洗漱、穿衣、如厕等方面可能需要一定程度的帮助或依赖他人。另外，34% 的城市老人存在一项以上的独立日常生活能力困难，即无法独立完成这些基本生活活动。此外，7.1% 的城市老年人认为自己需要照顾，可能需要他人提供护理照料和支持。

从以上数据可以看出，有一部分老年人在日常生活中存在一些困难，生活需要照顾，这就间接说明一个问题：家庭养老出现了功能方面的缺失，老年人对社会养老的需求意愿将会越来越大。因此，需要养老机构的老年人是对养老机构有需求意愿的老年人。

（一）养老机构的主要类型

根据功能方面的不同，我国养老机构一般划分为以下六种类型：

1. 养老院 / 护理院：这是最常见的养老机构类型，提供住宿和基本的生活护理服务，包括提供膳食、洗漱、康复护理等，以帮助老年人在日常生活中自理能力不足时获得照料和关怀。

2. 疗养院 / 康复中心：这些机构主要提供康复和疗养服务，旨在帮助老年人恢复健康和提高生活质量。他们提供各种康复治疗和健康管理服务，如物理治疗、职业治疗、言语治疗等，以促进老年人的功能恢复和自立能力。

3. 日间照料中心：日间照料中心为老年人提供白天的照料服务，通常在工作日的白天提供，晚上老年人返回自己的家。这种机构提供社交活动、康复服务、营养膳食等，有助于老年人保持社交联系，并获得照料和娱乐。

4. 护理站：护理站一般位于社区或街道，提供老年人的基本护理服务。他们通常为老年人提供短期护理，如测量血压、药物管理、简单的健康咨询等，以及一些紧急护理和急救服务。

5. 敬老院：敬老院是由社会团体、慈善机构或宗教组织管理的养老机构，旨在为没有家庭照顾或经济困难的老年人提供住宿和照料。敬老院侧重提供长期住宿和关怀，为老年人提供食宿、医疗、康复等服务。

6. 综合型养老机构：这种类型的养老机构综合了上述不同类型的服务和功能，提供全方位的养老服务。综合型养老机构设有养老院、康复中心、日间照料中心等，以满足不同老年人的需求，并提供全面的长期照护。

（二）多元化需求的老年人类型

1.“三无”“五保户”[①] 老年人

面对“三无”老人和“五保户”老人，他们都需要养老机构。他们不仅在经济方面没有任何保障，在生活方面更是缺少照料。对于这类老年人群，他们在机构进行养老就是最好的选择。调查发现，一些社会福利性质的养老机构曾明确表示：他们收养的主要对象就是“三无”和“五保户”老年人，可以为他们提供免费的吃、穿、住、医疗服务，甚至包括老年人的丧葬料理。

2. 需要护理的老年人

主要包括介助、介护老人，特别是依赖性最强的介护老人。相对于那些自理的老人来说，介助和介护老人最需要养老机构的照护。因此，身体状况不佳的老年人都表示，他们更愿意居住在养老机构，因为子女们忙于工作，无法在老人身边陪护。只有养老机构能够为他们提供生活和医疗方面的照顾和护理服务。

从美国和我国香港地区的经验可以看出，养老机构主要是为生活上需要照料和专门护理的老年人提供服务。比如，美国的一级、二级护理养老机构，香港地区的高度、中度照顾养老机构，这些养老机构还会根据老年人所需要护理和照顾的不同程度，为他们提供相对应的设备和人员配置，以保证服务的质量，让老年人得到最好的照护。

3. 有需求意愿的自理老人

这类老年人，在生活方面完全可以自理。如果他们也有到机构养老的意愿，可以选择到养老机构安度晚年。据调查，有的老年人觉得家里的居住空间不够大，就会选择到养老机构养老；有的老年人喜欢和其他老年人共同居

---

① 指保吃、保穿、保医、保住、保葬（孤儿为保教）。

住，或者有的是子女不在身边，还有的老年人觉得居住在养老机构中生活更方便、更省事。此外，很多老年人的观念也在不断改变，他们有权利决定选择何种方式养老。

目前，有许多民办养老机构，比如，各种类型的老年公寓，根据居住环境和条件的不同，提供不同层次和价位的养老居住空间。老年人可以根据自己和子女的能力，选择适合自己的养老机构。在这群自理老年人群体中，有一些老年人会根据季节的变化，选择短期居住在不同地方的养老机构中，这也不失为一个好选择。

三、多元化需求和机构养老的关系

结合我们的国情，我们应该根据老年人的需求意愿和实际的需求状况，对养老机构进行功能上的分类，并规定每一种类型养老机构的数量比例。

需要强调的是，按照主要收养老人需要照料的级别不同，将其分为三类：一是重度护理养老院，二是中度护理养老院，三是轻度护理养老院。对于不需要护理的老人，该类型的养老院提供舒适的居住环境、社交活动和生活支持。

第一，提高专门提供重度护理服务的养老机构的比例，并提高这些机构护理和照料服务的质量和层次。随着我国老龄化社会的迅速发展，高龄老年人的不断增多，未富先老的现状使得资金和资源都显得十分有限。

在这样的情形下，首先，要考虑将有限的资源运用在急需帮助、最需帮助的老年人群体上，也就是那些介护老人。其次，要为老年人提供更好的照护。当老年人长期卧床、生活基本或完全无法自理、需要全天候的照护时，老年人的家属也显得力不从心，不能给予更专业更周到的服务。这时，养老机构不仅可以解除老年人及其家属的困扰，还可以提供24小时的全方位专业护理，让老年人得到更好的照护。

第二，对于当前不断发展壮大的老年公寓，各地均给予支持和鼓励，同时要防止盲目性。老年公寓的发展应满足老年人不同层次的需求，一般老年公寓是满足自理老人养老需求的一种公寓式居住方式。但是，从我国目前情况来看，老年公寓的定位还不够明确，许多公寓面向所有的老年人，包括介助、介护老人，但提供的护理和照料服务的能力和水平却参差不齐，有的甚至达不到专业的护理水平，护理人员的服务技巧也很是不足。

为了进一步改变老年公寓的功能趋同化的现状，可以将部分老年公寓转化为老年护理院，转型为专业护理介助和介护老人的中度和重度护理老人院。老年公寓主要为低度护理老人院，服务于基本可以自理的老年人，为那些有需求意愿的老年人提供更多元化、更丰富的公寓式养老服务。

在养老机构的基本权利和义务

老年人作为国家公民，享有国家规定的一切基本权利。这些权利不仅是老年人的基本权益，也是每个人应当享有的人权。主要包括政治权利、人身自由权利、宗教信仰自由权利、享受社会经济权利、受赡养扶助的权利、财产所有权和继承权、受文化教育的权利和婚姻自由权等。

对于养老机构中的老年人，同样享有这些基本权利。同时，法律和监管机构也有责任确保养老机构符合相关法规，以及保障老年人的权益。为了进一步规范对养老机构的管理，我国《养老机构管理办法》中明确规定了老年人在养老机构中应享有的基本权利和义务。老年人享有的基本权利：人身权（包括生命健康权、肖像权、姓名权、名誉权、荣誉权、婚姻自主权、隐私权）；财产所有权；债权；知识产权；平等医疗权（包括疾病认知权、知情同意权、选择权）；诉讼权、求偿权及受教育的权利等。

老年人及家属的义务：老年人或监护人有义务提供各种真实信息（包括健康信息），以保证得到服务的准确性；老年人或监护人有义务对已同意的各种服务程序和必要的规章制度采取积极合作的方式；老年人或监护人当老年人疾病性质确定后（主要指传染病和精神病）有义务采取合作行动，防止疾病进一步传播或对其他老年人造成侵害；老年人或监护人有尊重养老服务机构人员及尊重他们劳动的义务。

一般情况下，养老机构都会在老年人决定入住养老机构时，双方根据各自的需求情况，签订一份入住合同或者入住服务协议。在合同或协议中，都会就双方的责任、义务、权利等做详细说明，对老年人的基本权利和义务的规定大致有如下内容：

1. 遵守医嘱，接受训练。入住后，通过遵守医嘱和积极参与康复训练，老人可以达到更好的治疗效果，预防并发症的发生，并提高生活质量。这需要老人和医疗团队之间的积极配合和合作。

2. 及时缴纳费用。为了确保及时结清费用，入住老人或家属与医疗机构或医务人员讨论付款安排和方式。可以了解他们的付款政策，并咨询是否提供分期付款或其他灵活支付选项。确保清楚地理解费用结算的要求，并按时履行支付责任，这对双方来说都是至关重要的。

3. 老年人外出时，应在院方设定的登记处进行登记或有家属陪同。

4. 家属及单位应经常与老人沟通并保持联络。由于未及时通知养老机构出现变动而引起的后果可能包括：养老机构无法与家属或单位联系，导致沟通障碍；相关文件、通知或重要信息无法及时送达；老人的紧急情况处理不及时或无法得到适当的支持；等等。为了避免这些后果，家属和单位应在地址或联系方式变更时，及时通知养老机构，确保信息的准确性和时间敏感性。这样一来，可以保障老人的安全与福祉，并促进家属、单位和养老机构之间的良好合作。

根据以上的规定和协议条款，老年人在养老机构中应享受什么样的基本权利、要履行什么样的基本义务呢？

一、老年人在养老机构的基本权利

1. 无劳动能力、无生活来源、无法定赡（扶）养人的老年人，有权利按国家有关规定到养老机构接受养老服务，可享受相应的服务和照护。

2. 根据老年人的生活自理能力和护理等级需求的不同，老年人有权利享受养老机构中的分级护理服务。

3. 老年人有权利使用养老机构中的服务设施和活动场所，包括生活起居、文化娱乐、康复训练、医疗保健等服务配套设施。

4. 老年人有权利享受机构医护人员、护理人员、工作人员所提供的一切服务，并可以对服务提出合理的要求。

5. 老年人有对养老机构的服务、经营、管理模式，以及规章制度提出意见和建议的权利。

6. 老年人享有生活上被照料的权利。养老机构应根据老年人的需要或遵医嘱合理配餐，制定营养均衡的食谱，对生活不能自理的老年人应提供喂水喂饭的服务；老年人享有干净整洁的生活空间的权利，工作人员应及时清扫房间，保持室内洁净，定期消毒老年人使用的餐具，定期清洗老年人的被褥和衣服；老年人还享有其他生活上被照料的权利，比如，护理人员应定期帮助老年人洗澡、理发、修剪指甲、更换衣物等。

7. 老年人享有医疗护理服务的权利。养老机构最好为老年人建立健康档案，定期检查身体，做好疾病预防工作；基于保护入住老人生命和健康的权利，偶患疾病或常年卧床的老年人应及时得到诊治护理，严格接受康复计划，并提供相应的护理和照顾；介护老年人可享受个别化护理服务和程序化个案护理；服务人员 24 小时值班，保障老人的生命财产安全，防止意外伤害。

8. 老年人享有精神文化生活需要的权利。养老机构应经常组织老年人进行必要的情感交流和社会交往，开展文体活动，以促进老年人之间的互动和交流，帮助他们建立友谊和社交网络。对老年人进行保健知识教育，养老机构可以开展健康教育活动，提供健康生活的指导和信息，帮助老年人树立健康向上的价值观和养生意识。

9. 老年人享有隐私权，养老机构应尊重老年人的个人隐私，妥善保证老年人个人生活空间的安全性和私密性。

10. 老年人享有外出权和探访权，老年人有外出活动的权利，并享有亲属定期探访和被关注的权利。

二、老年人在养老机构的基本义务

1. 老年人在入住前，应向养老机构如实告知自己的身体健康情况与自理能力的水平，不得隐瞒或虚报，必要时最好提供最近的体检报告，以备机构做出合理的评估，并作为评定其接受服务和护理等级的依据。

2. 老年人应遵守养老机构的相关规定和章程，接受养老机构的统一管理，按照服务的条例和作息安排调整自己的日常生活习惯。

3. 老年人应爱护机构的基本设施和服务设备，合理使用和妥善保护公共设施和设备。

4. 老年人有义务执行和养老机构共同签署的协议所标明的责任和规定，应采取积极合作的态度和积极配合的行动。

5. 老年人须按照医生的要求积极配合接受医疗护理和康复训练，如果执意不配合，产生的后果应自行承担。

6. 当老年人疾病性质确定后（主要指传染病和精神病）有义务采取合作行动，防止疾病进一步传播或对其他老年人造成侵害。

7. 对养老机构的护理人员、医护人员、工作人员提供的服务和劳动成果，老年人有义务尊重和理解。

8. 自费入住养老机构的老年人有及时缴清各项服务费用的义务，遵照服务协议和合同的规定履行相应的义务。

9. 老年人应和其他入住的老年人进行善意的交流和沟通，妥善处理与其他老年人的关系。

10. 老年人若外出时，应提前告知养老机构的工作人员，并在机构设定的登记处进行登记，由机构工作人员陪同或由家属陪同外出。

第二节　国内外机构养老的现状与经验

人口老龄化已经成为一个全球性问题，据联合国的统计数据，截至2021年，全世界60岁以上的人口超过6.3亿，其中80岁以上的老年人占12%。人口老龄化是改善医疗保健、提高生活水平和降低生育率等因素导致的。随着医疗技术的不断进步和营养改善，人们的寿命得到延长，这导致了老龄人口的增长。同时，社会的经济发展和生活条件的改善也使人们更加关注健康和生活质量，养老期望得到满足。

在中国，60岁以上的人口超过1.3亿，其中80岁以上的老年人占10%。中国的人口老龄化问题更加突出，原因主要是长期实施的独生子女政策与医疗保健的进步。独生子女政策导致了人口净增长率下降和人口结构变化，使得老年人口比例增加。与此同时，医疗保健水平的提高使得人们的寿命延长，更多的人能够活到老年阶段。

国内机构养老的现状

现阶段，我国的养老产业陷入了“未富先老”的局面。很多老年人的退休金并不能支付机构养老费用，或者支付机构养老费用后，他们就已经所剩无几了。子女们由于各方面的压力，能够给予老人们的经济支持也并不多。也有数据显示，在我国，有相当一部分老年人拥有较强的支付能力，对养老的需求也在逐渐提升。

为了满足不同的养老需求，帮助各个阶层的老年人实现他们的“老年梦”，一些养老机构进行了差别化的运营。对老一辈人而言，他们在选择养老机构时，价格才是关键性因素之一。养老机构在获取老年用户时，应注重口碑与信任的建立。可以通过优质的护理服务、舒适的生活环境、积极的沟通和透明度、积极的社交支持等方面来实现。同时，养老机构还可以通过积极参与社区和与老年人及其家属的互动来增加公众对其的认可和声誉。

我国的养老机构以国办为主，民办为辅，是目前国内民营养老机构的常见形式。对于民营养老机构，则主要采取两种模式：一种是公办民营，另一种是民办公助。在面对老龄化社会的挑战时，国内养老产业可以从衣、食、住、行、医、娱、学等各方面提供针对老年人的消费和服务需求。以下是养老产业可以关注的四个主要方面：

（一）综合发展

目前，国内养老产业的发展空间和发展前景十分广阔。养老产业的发展思路不仅应关注机构养老，还应全面关注老年人的各方面需求，并提供多样化的服务。除了日常的生活照料和医疗护理服务，还应关注以下方面：

一是居家养老市场。随着老龄化程度的加深，越来越多的老年人希望在家中得到照料和护理。因此，居家养老市场的发展非常重要。二是学习娱乐服务。为老年人提供各种兴趣班、文化艺术活动、体育锻炼等服务，帮助他们充实生活、拓展知识和技能，保持积极的心态和活力。三是家政服务。除了日常的生活照料，可以帮助老年人应对家庭事务，提供便利和舒适的家居环境。四是旅游服务。为老年人提供旅游服务，让他们有机会参加旅行团体，并享受到安全、舒适的旅行体验。

综上所述，养老产业的发展方向应该是综合发展，既关注机构养老服务的提供，也倾注精力到居家养老市场的开发和老年人精神世界建设的实施。这种发展思路将使养老产业更加全面、多元化，带来更好的养老体验和生活质量，满足老年人“老有所依、老有所养、老有所乐”的需求。

（二）养老地产

养老地产是指将品质地产与优良的健管家服务有机结合的一种发展模式。主要包括两种类型：一是由保险资金推出的升级版养老机构，如养老院；二是由开发商推出的养老地产项目。

养老地产是目前养老产业发展的一个重要方向，它将高品质的地产项目与优质的健康管理服务相结合，旨在为老年人提供舒适、安全、便利的居住环境和全方位的生活支持。养老地产包括两种主要类型：一种是升级版养老机构。这类养老地产项目通常由保险资金等渠道推出，是传统养老机构的升级版。另一种是开发商推出的养老地产项目。这些项目是由房地产开发商专门为老年人设计和开发的。同时，这些项目还通常提供健康管理和社区服务，如健康咨询、康养活动、社交活动等，帮助老年人保持积极、健康的生活方式。

一些房企和保险机构对于养生地产项目的发展前景及现状都十分看好，而且有所了解。他们一直期望能够改变养老地产投资人与养老产业脱节的现状。与此同时，养老地产之所以被束缚，还有一个重要原因就是缺乏政策方面的支持，这就使养老产业停留在了研究阶段。因此，对于低收入的高龄、独居、失能等养老困难老年人，应采取政府补贴的形式。

这些政府补贴的措施有助于解决低收入的高龄、独居、失能等养老困难老年人面临的经济负担，并确保他们能够获得充分的养老服务和关怀。随着社会对养老服务需求的增长，以及高端养老观念的推广，养老地产将逐渐成为一个重要的投资领域。通过不断提高研究水平和专业化运营，养老地产可以为老年人提供更优质的居住和养老服务，为投资者带来长期回报。

（三）养老金融

养老金融包括养老产业金融、养老金金融和养老服务金融这三方面，它们三者的对象不同，目的也不同。养老产业金融的对象是养老行业，目的是为养老产业主体提供融资渠道；养老金金融的对象是养老资金，目的是养老资金的保值增值；养老服务金融的对象较多，目的是为行业从业主体和人员提供融资渠道和金融服务。

正是由于老年人长期与社会隔离，对金融领域的认识不清晰、不及时，所以他们更容易被一些不法分子所利用。因此，国家应当担当起社会责任，推出一些适合老人的且保险系数较高的养老金融产品。于是，各大银行也先后推出了一些与养老相关的产品。比如，民生银行乐老金融等。

（四）养老用品

养老用品的范畴十分广泛，与养老有关的机构、个人使用的物品和老年人需要的物品都属于养老用品的范畴。于是，各地针对养老用品召开了“老博会”（中国老年产业博览会），展示和销售各种类型的养老用品，所展出的养老用品包括养老服务、生活护理、辅助器具、康复医疗、宜居建筑、健康管理等类。

1. 养老服务

包括养老机构及管理咨询、家政服务、养老信息化服务、养老金融服务、老年助餐、助浴服务、老年文娱产品及服务、老年教育、老年心理咨询等。这些养老服务领域的发展，可以满足老年人多样化的需求，提供全面的养老支持和关怀，提高他们的生活质量和幸福感。

2. 生活护理

包括护理用床及褥疮防治产品，失禁护理、卫生清洁产品及技术，进食、衣着、洗漱等特殊生活用品，家用检测、急救、意外预防产品及技术等。

3. 辅助器具

包括行动障碍辅具（轮椅、电动轮椅、步行器、老年推车、手杖等）、无障碍设施、假肢及矫形器、视力障碍辅具、听力障碍辅具、言语障碍辅具、智力障碍辅具、精神障碍辅具、辅助器具适配等。

4. 康复医疗

包括神经康复设备及技术、骨创与运动医学康复设备及技术（康复器具、体力训练、锻炼用品、教材等）、儿童康复设备及技术、脊髓损伤康复设备及技术、中医康复设备及技术、功能评定设备、水疗工程设备、康复医疗机构等。

5. 宜居建筑

包括养老住宅及社区、适老建筑设计机构、智能家居产品及技术、适老家具及设施（无障碍斜坡、扶手、电梯、台阶消除仪、台阶用升降仪器等）等。

6. 健康管理

包括可穿戴式健康设备、按摩器材、健身器材、健身机构、保健养生机构、健康监测机构等。这些健康管理领域的发展为人们提供了更多的健康监测、康复和保健选择，有助于维持健康、提升生活质量，并提供与健康相关的产品、服务和咨询。

随着互联网和5G技术的普及与应用，养老用品和服务也逐渐智能化、信息化。例如，看护系统、护理中心系统，在护理记录、保险申请、护理计划制作、职员管理、服药指导等方面运用技术手段和大数据管理，使记录更全面、发现更及时，更减少了一些不必要的成本和损失。

2017年，我国“智慧养老”正式驶入发展的“快车道”。何谓“智慧养老”？就是利用物联网技术和信息平台，在养老服务中提供实时、快捷、高效且低成本的养老服务，包括居家养老、社区养老和机构养老。它的核心是通过传感器、设备和网络连接老人的日常生活环境和健康状况，实现远程监控、智能化管理和个性化关怀。

在“智慧养老”中，各种传感器和设备被部署在老人居住的环境中，比如，房间、床上、厨房等，用于收集老人的生活活动数据，比如，起床时间、活动量、睡眠质量等。这些数据通过物联网技术传输到信息平台，同时可以由医护人员、家人等通过手机应用或电脑远程访问。

“智慧养老”除了会对老人的安全起到一定的保护作用，还可以准确地监测出老人的健康状况。此外，“智慧养老”不仅能实现随时随地知晓老人的活动轨迹，还可以发挥“隐形伴侣”的作用，实现娱乐功能，比如，可以播放老人喜欢的音乐、相声、新闻等，让老年人的生活与笑声相伴。

国外机构养老的经验

人口老龄化的飞速发展，引起了联合国及各国政府的广泛关注。随着医疗技术的进步和生活水平的提高，人们的平均寿命不断延长，同时生育率下降，这就导致了全球范围内老年人口的比例不断增加。

根据联合国的《2008世界人口展望》报告数据，2010年，全球60岁及以上人口占总人口的比例为11%。随着时间的推移，预计到2050年，这一比例将会增加到22%。这就说明在40年左右的时间里，全球老年人口将有一个显著的增长趋势。于是，“老有所养”成为人类社会追求的目标之一。

一、国外人口老龄化与机构养老模式

机构养老是一种将老年人集中安置在专门的养老机构中接受照护和居住的模式。这种养老方式适用于那些需要更密切监护、医疗照护和社交支持的老年人，尤其是对于身体状况较为脆弱、无法独立生活或需要长期专业护理的老年人。

从发展趋势来看，由于经济实力的支撑，以及受到西方居家形态等诸多方面因素的影响，家庭养老的比重还会进一步下降，这些国家养老对策的共同之处就是依赖社会养老。如果把赡养老人定义为经济供养、生活照料和精神慰藉这三大任务，那么第一项任务将主要由社会保险解决，第二项任务由家庭和社会承担，而第三项则由其亲人承担。

二、国外机构养老模式的经验与借鉴

针对老年人的不同生理需求，养老机构在设施、服务体系和居住环境等方面，采用了多样化的设计。可见，社会的多元化决定了养老需求的多样化。养老机构设计的目标是为老年人提供舒适、安全的居住环境。这些设计因机构的性质和服务层次而异，旨在提供个性化的护理、服务和活动，以提高老年人的生活质量和福祉。

1. 满足老年人的多元化需求

以美国为例，老年人的居住设施主要分为五大类：独立式住宅、老年公寓、养老院、护理院和老年养生社区。针对老年人的不同照料和护理需求，按照其功能的不同，养老机构为老年人提供了不同等级的照护服务。

这些不同类型的养老机构提供了多样化的照料和护理服务，以满足老年人不同程度的需求。老年人可以根据自身的健康状况、日常生活活动能力和社交需求来选择适合的居住环境。同时，这些机构也在合规和监管框架下提供专业的照料和护理，以确保老年人得到安全可靠的服务。

除此之外，还有一类机构可以为老年人提供两种或三种服务，被称为混合型机构。这一类机构在 20 世纪 90 年代便得到了政府的大力提倡，其目的就是满足不同老年人的需求和护理水平。老年人可以选择适合自己需求和特殊情况的机构，以确保他们获得合适的照顾和支持。在选择养老机构时，老年人和其家人可以考虑自身的健康状况、日常生活需求和护理需求来做出决策。

2. 丰富老年人的精神生活

一些机构养老由一开始的注重生活照料和医疗保健，逐渐转向全方位的照顾。尤其是在精神生活方面，更加注重对老年人心理方面和情感方面的关怀，追求老年人生活的多样化和丰富性。比如，在匈牙利的某家养老院中，每天都会适当组织一些丰富多彩的活动，使原本单调乏味的老年生活增添了几分乐趣。

除要丰富老年人的精神生活之外，一些机构养老还鼓励老年人多参加各类社会组织、各类公益性活动等，让老年人寻找自我价值。比如，在日本，他们向来比较重视老年人在养老中的自我管理，这在机构养老中也显得特别有意义。对大多数老年人来说，他们更希望能够拥有一种“自己管理自己，自己决定自己事宜”的权利意识，向人们传达一种积极的社会力量。

3. 重视养老服务的专业化和职业化

据了解，在国外的养老院和日间照料中心，护理人员一般都是经过专业护理培训和资质认证的专业人士。这些护理人员会接受相关的教育和训练，以掌握提供高质量照护和医疗支持所需的知识和技能。比如，在美国，护工必须达到一定的要求，才能在养老机构工作。由于护理知识更新得十分迅速，养老机构必须把新的理念和方法尽快传授给护工，才能达到照顾好老人的目标。

养老机构除了要定期对护理人员进行岗前培训，还要进行一系列连续性的在职培训。不仅如此，每个养老机构中还需要配备至少一名专业的社会工作者。由此看来，养老机构服务队伍的专业化和职业化在国外是十分普遍的，并且有着严格的规定和要求。不得不承认的是，国外在这方面做得比人们想象的更加到位。

国外机构养老的模式及启示

众所周知，国内与国外在养老模式上存在着很大的不同。国内的老年人都比较偏爱能够在家和儿女共同居住的养老模式，而国外的养老模式则多种多样，他们有一些更加人性化的地方值得国内人士去借鉴和学习。至于具体选择哪一种养老模式，还要看老年人的自身需求和意愿。

一、以日本、新加坡为代表的家庭养老模式

当日本、新加坡等进入老年型国家后，基于传统东方家庭观念的延续，必须做到以下四方面：第一，在社会宣传方面，要把家庭养老作为社会的传统美德，大力提倡尊老爱幼，有效增强社会全体成员的家庭观念，努力营造一种家庭养老的文化氛围。第二，致力于开发家庭养老的功能，比如，提倡和鼓励“多代同居”，许多民用建筑都是考虑到两代或三代人共同居住的要求。第三，要加大家庭养老的政策扶持力度，不仅要把子女孝敬老人作为道德的基本要求，还在法律上规定子女养老的基本义务。第四，加大老年人的养老保障力度，建立优厚的养老金制度、医疗保险等制度。既节省了社会养老成本，又使老年人体会到了人间真情，减少了老年人的寂寞感。

与此同时，由于这些国家拥有较为雄厚的经济实力，它们便汲取了英美社会福利养老的特点，充分赋予老年人优厚的社保。其中，社会养老功能旨在为老年人提供经济能力、福利设施、服务体系和居住环境等多方面的支持，这不仅有助于老年人享受晚年生活，同时也减轻了他们和家庭的负担。

二、以英、美为代表的社区养老模式

英国是一个较早进入“银发”时代的国家，其对社区照顾的模式做出了许多有益的探索和实践。美国和其他发达国家在进入老年社会后，也采取了类似的社区养老模式，以满足老年人的需求。虽然社区养老模式在不同国

家可能存在差异，但其服务内容和本质的目标是相似的。

社区养老主要是以老人居家为基础，以社区提供服务为内容，以社会保障为后盾的养老模式。这种模式是对家庭养老模式的有益补充。于是，80%的老人仍然选择居家，主要由社区提供服务。社区提供的服务主要有医疗服务和生活服务。

1. 医疗服务

医疗问题是老年人最关心、最需要解决好的问题。对西方国家而言，它们一般是推行社区的医疗机构与城市医院相结合的办法。其中，普遍推行的有以下五种制度：一是建立“专门”医生制度。二是医疗报警按钮和警绳。三是定期上门探视制度。四是设立家庭病房。方便行动不便且不需要住院治疗的老人。五是基于接报警电话的急重病送医决定。这种方式能够迅速响应老人的健康危机，并在需要时协助决定合适的治疗措施和运送方式。

这些制度和措施的实施有助于提高老年人的医疗服务质量和便利性，同时也减轻了老年人及其家人的负担，让老年人能够更好地享受尊严、健康和安全的生活。

2. 生活服务

生活服务在社区养老中扮演着重要的角色，它们为老年人提供了诸如清洁室内卫生、洗涤衣物、做饭烹调等方面的支持。这些生活服务旨在为老年人提供全面的照料和支持，提高他们的生活品质，并帮助他们在家庭环境中保持独立和尊严。

近年来，大多数人都选择了在网上购物，网购逐渐达到了普遍而规范的水平。对老年人来说，他们也在网购的氛围下，学会了电话订购自己想要的物品。比如，他们会通过电话的方式订购中意的家具和电器等。另外，由于国外的大多数居民都拥有独门独院和较大面积草坪的住宅。然而，对老年人来说，由于身体的缘故，他们无力维修屋中出现的故障，只好请维修公司或社会服务机构定期维修房屋、设备设施。

有一些老年人虽然年老力衰，却不愿意一直闷在家里。尤其是在西方国家，老年人都喜欢去健身俱乐部。因为俱乐部里拥有各种健身器材、游泳池、网球场、回力球场、桌球馆等设施，可以让老年人打发空闲时光。因此，在西方的一些城市中，为了给老年人提供便利，俱乐部里还特意为他们提供了优惠政策。既为老年人提供了健身场所，又提高了健身俱乐部的利用率。

三、以欧洲为代表的社会养老模式

近年来，在居家社区养老的基础上，欧洲许多国家发展起了一种较好的养老方式，即社会养老模式。这种模式主要是以老年公寓为依托，以市场运作为手段，以优质服务为方式，建立起来的社会养老模式。以挪威的卑尔根、奥斯陆等城市为例，这些城市先后在西班牙南部开设了大型的养老公寓，由于价格低廉，阳光充足，一时间吸引了很多的老年人群。

不难看出，北欧其他国家的老年人之所以背井离乡，特意来到西班牙养老，不仅仅是喜欢那里的环境，更多的是因为那里有功能齐全的养老设施、良好的公共医疗卫生服务、保险服务等。甚至有一些老年人认为，异地养老其实是一项互利双赢的好事。后来，这种异地养老的模式就被诸多国家、企业和老年人所认可，人们还从中得出了一些启示。

第一，加强养老机构服务队伍的专业化建设，倡导更多的社会力量辅助养老。机构养老致力于为老年人提供全方位、多层次的护理和支持，主要包括生活照料、健康护理、康复训练、心理调适、精神慰藉等以满足他们的生活、护理和情感需求。不仅可以促进老年人身心健康，也使他们能够在一个安全、舒适和温馨的环境中生活。

第二，养老机构实现多元化发展，满足老年人的多样化需求。国外机构养老的分层化发展，为我国养老机构的发展提供了很大的帮助。可以说，养老机构在对老年人需求的评估机制的基础上，是按照老年人护理或自理能力的高、中、低三个等级分级别发展的，并且每个等级的比例是不同的。根据老龄化程度的加重和高龄老人的比例增多，等级越高的养老机构发展的比例应该相应越高。

第三，政府转换理念，鼓励多种主体参与机构养老。政府可以通过鼓励兴建营利性和非营利性的养老服务机构，以及提供税收减免等政策支持，促进养老服务的多元化发展并将服务职能转移到私营机构、慈善组织、民间团体或个人。这些做法能够促进养老服务业的发展和创新，提高服务质量和供给能力。同时，政府的监管和考核作用可以保障老年人的权益和安全，确保养老机构的合法经营和质量可控。可以说，政府与社会力量合作形成合力，是养老服务业可持续发展的重要推动力量。

第四，丰富养老机构服务内容，重在培养老年人的能力。当前，我国许多养老机构依然处于探索和尝试阶段，服务也是以生活照料和护理为主，这就在一定程度上忽略了老年人的其他需求，特别是精神生活方面的需求。因此，各个养老机构在满足老年人基本的生活需求外，应重视老年人其他各方面需求的满足，比如，老年人心理层面和精神层面的需求，提高服务的层次和服务的质量。

与此同时，养老机构还应重视老年人各方面能力的培养和提高，转换老年人“被动养老”的理念，应适当培养老年人的自理、自决、自主能力，让老年人感受到自我存在的价值，不仅要努力调动他们的主观能动性和积极性，还要挖掘他们的潜能，让他们充分体会到晚年生活的乐趣和意义所在。

第三节　中国特色的养老服务模式

养老事业包括为老年人提供的养老保障和养老服务两方面。2019 年，十三届全国人大二次会议高票通过《政府工作报告》，其中 16 次提及“养老”一词，涉及城镇居民养老、职工养老、退伍军人养老，以及养老政策体系、养老保险、养老服务、农村养老设施建设等。

从某种意义上讲，老年人的现在就是年轻人的未来，是整个社会安全感的关键。所以，解决老年人养老的问题不仅关系到老年人的幸福，也关系到整个社会的信心和安全感。报告不仅传导了社会、政府对于养老问题的关注和重视，也传达了政府将一系列措施推进完善养老体系的信号。

一、养老服务的宗旨和理念

2019 年，在十三届全国人大二次会议和政协会议中，聚焦了养老政策、养老产业、养老保障、养老服务、养老人才、为老服务六方面。在养老政策主题方面，涵盖了顶层设计、医养结合、区域布局等内容；在养老保障主题方面，涉及了养老保险、长期护理保险、商业保险、独生子女父母保障；在养老服务主题方面，涉及了社区居家养老、机构养老、养老服务模式创新等内容。

目前，我国的养老方式和促进模式多种多样。从养老方式上划分，包括居家养老、互助养老、社区养老、机构养老等方式；从养老促进政策上划分，包括医养结合、普惠养老、智能化养老等。虽然养老问题已经是从国家层面到地方层面，从每个社区到每个家庭、每个人都必须面对的问题，但必须承认的是，中国的养老体系建设处于刚刚起步阶段，养老产业、养老行业和养老体系在不断地建立和完善。

那么，养老服务的宗旨和理念是什么呢？概括来说，就是要坚持以人为本，在大力发展社会养老功能的同时，必须重点关注老年人的需求和权益保障。同时，社会养老功能和现代家庭养老功能应该相互补充、紧密结合，共同满足老年人的养老服务需求。养老服务可以分为两个层次：第一层为基本的养老供给，包括老年照料、护理和社会化服务等，旨在提供老年人日常生活照料和生活辅助，满足其基本需求，确保身体健康和安全。第二层为非基本的养老服务，主要关注老年人更高层次的需求，如精神追求、文化娱乐、教育培训、社交互动等。

1. 老年照料和护理服务

随着年龄的增长，老年人的机体功能受损或因患病等原因，他们对生活照料以及护理服务产生了多种需求。从动态的老年人口群体来看，对每个老年人、每个家庭来说，随着老年人年龄的增加、身体状况的变化、自理能力的变化，他们对生活照料和护理服务会在不同时期、不同程度地产生需要甚至依赖。因此，生活照料和护理服务关系到每个老人和每个家庭。

为了满足城乡老年人在这方面的服务需求，在过去的养老服务中，政府、社会和家庭将大多数的时间、金钱和精力成本都投入其中，成为基本养老服务成本中的主要部分。近年来，我国许多地区都先后提出，要把加强以护理为重点的服务功能建设作为发展养老服务的重要方针，也正反映了这样一个共同的发展趋势。对此，我们必须积极建设和发展老年照料和护理服务，将对老年人的生活照料和护理服务与对老年人的社会化服务共同作为基本养老的两大基础，进而构成“老有所养”“老有优养”，为老年人的基本生活提供坚实的保障。

2. 老年社会化服务

社会化服务可以帮助老年人不脱离社会，依然被社会所接纳和需要，保持与社会的融合、沟通和互动，并帮助他们转换角色、适应身份变化和环境变化，以确保老年人的身心健康，保持良好的家庭关系。然而，迄今为止，这项服务并没有得到人们的高度重视，人们总是将它排斥在基本养老服务之外。很显然，这是一种不正确、不可取的做法。基本养老服务不应仅局限于老年人的生活照料和护理，而应扩展到老年人的社会化服务。

可以说，社会化服务不仅能够有效延缓老年人由生活能够自理转为生活不能自理的时间，由身体基本健康转为需要专门护理的时间，使老年人阶段健康状态保持得更长久，还会减少老年人完全需要生活照料和护理服务的时间，有效地提升老年人的生活质量。如此看来，扩展老年人的社会化服务是一项投入小、收效大的服务。因此，我们国家的基本养老服务完全应该包括这一面向城乡全体老年人的社会化服务，并将其置于重要的位置。

随着经济社会的发展、人民生活水平的提高，老年人的需求不会仅限于生活照料和护理服务，对保健、教育、就业、文体、娱乐等领域的养老需求者会越来越多，且程度会越来越深。一切从需求出发，我国养老服务的提供者、政策的制定者不应忽略非基本养老的需求，且应该重视这一部分的养老需求，实现“老有所养”，更要做到“老有优养”，真正体现社会主义的优越性。

因此，对于我国养老服务产业的建设和发展，我们既要尽力而为，又要量力而行。也就是说，在当前以及今后相当长的时期内，对于基本养老服务尤其是非基本养老服务，政府承担主要责任并不等于要包揽一切，而是在政府的主导下，大力发展社区作为养老服务的依托，支持家庭作为养老服务的基础，并鼓励社会力量积极参与养老服务。

二、养老服务的制度和体系

养老服务的制度和体系，指的是一个国家或地区根据它所确定的养老服务的宗旨和理念，对各类养老服务供给主体的配置、功能和建设所做的制度性规范和安排。在中国特定的社会环境下，中国人口老龄化和中国养老问题存在着一定的特殊性，主要表现在两方面：

第一，与世界已经先期进入老龄化社会的国家的一般规律不同，中国仍然处于社会主义初级阶段，导致人口老龄化有以下突出特征：

一是未富先老。进入老龄化社会需要政府、社会和家庭等各个层面共同应对，确保老年人的福祉和生活质量。包括改善养老服务的供给和质量，加强医疗保健体系建设，推动老年人参与社会活动和劳动力市场，制定合理的养老金和社会保障政策，以及提升老年人的社会地位和尊严等。

二是空巢现象突出。我国城市化、工业化的快速推进，使得大量的人口流动就业，特别是劳动力大量从小城镇向大城市流动迁徙，家庭的居住地不固定、家庭人口不固定等导致中国传统观念形成的家庭养老功能无法实现。

三是“421”家庭结构的困境。“421”家庭是指由四位老人、一对夫妻和一个孩子组成的家庭模式，这种家庭模式在中国逐渐成为主流。该家庭结构反映了中国独生子女政策的影响，以及老龄化社会背景下的人口结构变化和家庭变革。这一结构模式衍生出两个现实问题：如何养老？如何教育孩子？于是，人们便开始有“上有老、下有小”的巨大压力，同时也考验着中国不健全的社会福利和养老体系。

第二，中国人口老龄化在经济快速发展的大背景下，将现有养老服务体系的短板暴露无遗，今后的养老服务产业亟待解决的问题包括以下几方面：

一是法律法规的建立。从立法和政策的层面破除制度性障碍，形成一个有效的政策体系，保证养老服务产业的健康发展。二是养老资金保障制度亟待建立。在特殊老人的医养照护方面，就存在卧床和生活不能自理老人照护费用支付分担的问题。三是就业结构的调整和养老人才的培养。政策性调整就业结构，加快加强护理、医养等人才的教育培训和定向就业，相应提高其福利待遇，使照护工作职业化、专业化。四是吸引和促进更多的社会力量进入养老服务领域。不仅可以为市场提供有效的支持和供给，也能够进一步促进相关产业的发展。五是从政府层面进行城市建设。将“适老”作为城市新规划的指标，并对老城区和老社区进行“适老”改造。六是建立养老的相关配套支持。例如，逐步稳步提高老年人养老金、养老医疗支出个税扣除项目的优化、陪护看护假期等。七是建立居家养老和社区养老的桥梁。打通居家养老和社区养老的最后一道门，将社区养老作为国家、社会养老各项政策和服务的主要载体，仍然将符合传统观念的居家养老作为养老的主战场。八是养老机构的标准化建立和标准化管理，在统一指导下建立标准化的社区养老服务中心，管理制度、人员、项目、目标等标准化，减少无效供给，增加符合标准的有效产品的供给。

虽然我国从政策层面促进和鼓励了多元化的养老模式，发展不同的养老产业。但现实情况是，居家养老给家庭带来的负担并没有减少，尤其是精神、时间和空间上面的负担。究竟应该如何确立互助养老？又如何享受国家养老的政策支持？

近年来，养老服务事业得到了飞速的发展，与改革开放前相比，的确发生了巨大的变化。可以看到，许多地方都在养老服务上加大了财政投入，提供了一些优惠政策，发展了一些机构设施，并取得了十分显著的效果。所有这些都启示我们，认真贯彻落实科学发展观，按照具体国情，从制度层面切实规划和安排我国各类养老服务供给主体的建设和发展，的确具有极其重要的意义。

第九章　农村及城市养老模式的探索

第一节　生育观对养老模式的影响

生育观是人们对生育行为的根本看法和具体态度，它受到社会、文化、经济等多种因素的影响。生育观在一定程度上反映了人们的价值观、人生观和世界观。不同国家和不同时代的生育观存在差异，主要是由特定的社会物质生活条件，以及文化和社会政策的影响所导致的。

同时，生育观也具有一定的相对独立性。即使面临相似的社会和经济条件，不同个体或家庭的生育观也可能存在差异。这反映了每个人对家庭生活、个人发展和责任承担的不同看法。随着生育观的转变和生育率的下降，家庭结构发生变化，传统的多代同堂模式逐渐减少，而核心家庭和独居老人的数量增加。这在一定程度上影响了养老模式的转变。

传统生育观的特点及历史回顾

生育观包括：一是生育的动机和目的，即人们生孩子要得到什么结果；二是理想子女数量和质量的选择，即生多少和对所生子女质量的要求；三是性别偏好，即对所生子女性别的要求；四是生育年龄和间隔的要求；五是生育方式和生育态度。

这些生育观的要素反映了个人和社会的价值观、文化传统、经济状况等方面的因素，并在一定程度上指导人们的生育行为和决策。了解和研究生育观对于制定相关政策、促进人口平衡和实现可持续发展起了重要作用。

一、传统生育观的特征及表现形式

中国社会是以家族和家庭为最基本的组成单位。在中国文化中，家族是以家庭为细胞、通过血缘关系连接在一起的群体。中国传统家族观念强调血缘关系和家族的延续，认为家族是祖先的延续和传承，具有祖德、家德和族德等重要价值。

在中国的家族观念中，男性通常被认为是家族的延续者和传承者。祭祀祖先是中国传统文化中一项重要的活动，通过祭祀仪式，家族成员向祖先表示尊敬，感恩祖先为家族带来的福祉，维系家族的连续性和凝聚力。家族和血缘关系在中国社会中具有重要的社会和经济功能。

1. 传统生育观的基本特征

自古以来，在一个有着长期“天人合一”传统的国家里，孩子的降生均遵从自然。传统生育观通常是根植于封建社会时期的价值观和经济结构，其中封建社会的小农经济是一个重要的背景。在封建社会中，劳动力的数量对于家庭的生存和发展非常重要。因此，在这种自给自足的小农经济中，人们普遍认为生育越多的子女，家族的劳动力和势力就越强大。

从目前来看，我国的性别比相对其他国家而言属于偏高，甚至在一些地区还出现了“抢生”“买生”的现象。这正是由于传统生育观“生男”和“多子”的取向，从而导致传统生育观在无节制生育中向畸形方向发展。

2. 传统生育观的形成原因

第一，成本低，效益大。尽管中国农村地区整体上在过去几十年中取得了显著的发展和进步，但仍然存在一些地区生产力水平相对较低，仍然采用原始的耕作方式。因此，许多农村家庭认为，多生男孩，成本低，效益大。正是这种落后的生育观，导致那些贫困地区产生“多生”“生男”的偏好问题。

第二，满足精神需求。在那些经济文化发展落后的地区，妇女的地位相对来说就会变得低下。在她们的观念中，生男偏好也会更加强烈。她们认为，生女孩并不能满足自己和家里人的精神需求，只有生男孩，才能提升她们的地位。反之，如果生了女孩，家庭气氛就很低沉，母亲也因此遭受冷落。中国家庭历来实行男性单性继嗣，生了男孩就意味着家庭可以得到延续，生了女孩就意味着家族不能延续。所以，在落后的经济环境中，传统生育文化仍是支配人们生育行为的主流机制。

第三，满足养老需要。在温饱型农业社会中，多生育子女主要是从养儿防老、维护社会治安、传宗接代这三方面来考虑的。现代社会中，“养儿防老”观念逐渐演变为“养儿育儿，老有所养”的理念。人们开始意识到个人积累财富、参与社会保险、理财规划和自主养老的重要性。同时，儿女与父母之间的关系也越来越注重互相尊重、互助和平等合作的理念。这种转变与社会进步、经济状况改善、教育水平提高和社会保障制度的完善等多种因素有关。

此外，在中国的一些农村地区，由于农业经济的不稳定性，农民不可避免地会遭受天灾人祸，比如，地震、洪水、旱灾等。这时候，如果一家之中有男性，就可以帮助家庭抵抗灾荒，渡过难关。所以，“养儿防老”都是以多生、生儿的选择为前提条件的。

二、传统生育观的历史回顾

在传统农业社会中，以家庭为单位的小农经济生产方式是主要特征，家庭自给自足，家庭成员的劳动力是维持生产和生活的重要资源。在这种经济体系中，子女被看作家庭的劳动力来源。由于农业生产对劳动力的需求较大，特别是在农忙时期，家庭往往希望有更多的子女，尤其是男孩，来帮助完成农活。因此，许多传统农业社会中存在对男性孩子的偏好。

这种生育观念在传统社会中可以追溯到经济和社会结构的影响。家庭需要子女的劳动力来支持生产，而且较多的子女数量也被视为家庭的财富和血脉兴旺延续的象征。此外，传统的男性主导社会结构也加强了对男孩的重视。

与此同时，在传统农业社会，家庭的养老状况影响着人们的生育意愿。于是，人们就将“儿子是父母的私有财产”“养儿可以防老”，以及“早生儿子早得福”作为一种生育观念。“养儿防老”不仅成为农村的主要生育意愿，也是中国农业社会的一种传统生育观念和养老观念的结合。

在中国农村地区的某些社会经济模式和制度下，的确存在一种分配模式，即生育更多孩子可以获得更多的农田、资源和福利分配。这种分配模式起到了刺激人口增长的作用。因为每个家庭只要多生育一个孩子，就能从生产队多得一份福利。每个成员的到来都可以带来额外的福利，这在一定程度上减轻了个别家庭承担孩子成本的压力。同时，工分制度也可以激励家庭进行多生、多育行为。根据工分制度，每个人参与生产劳动后都能获得一定的报酬，无论性别、年龄和劳动量的多少，进而增加了家庭的生育意愿。

需要指出的是，这种分配模式和激励机制的作用是在特定社会和经济背景下发挥的。现代社会更加注重家庭生活质量、个人发展和性别平等等因素，人口增长政策和价值观也在不断变化。

生育观变化的原因及影响

在传统的社会主义计划经济体制下，一些国家实施了强制的计划生育政策，通过行政手段对生育进行限制和管理，以控制人口数量和人口结构。这种强制性的行政机制大大降低了生育率，收到了立竿见影的实际效果。这种政策的具体形式和实施方式可能因国家而异，但普遍的目标是实现人口稳定和适应经济社会发展的需要。

一切社会资源都控制在政府手中，计划生育是以行政手段强制推行的。需要注意的是，虽然计划生育政策可能会在一定程度上降低生育率，但也可能带来一些负面影响。此外，值得一提的是，在过去几十年里，全球范围内的社会观念和理念发生了变化，人口政策也相应发生了调整。这些变化反映了人权和对个人自由的重视，并考虑到了人口发展与经济社会可持续发展之间的复杂关系。

一、生育观念变化的原因

对每个农村家庭来说，在做出生育决策时，都需要综合考虑家庭的资源状况和实际情况，权衡生育带来的利益和成本。生育决策者在考虑生育的后果时，通常具有相当程度的确定性。集体经营回归家庭经营后，农民家庭就会选择多生孩子，特别是生男孩。他们认为，生男孩不仅可以增加家庭的劳动力，还能够满足和壮大家族势力的需要。

1. 计划生育政策的实施改变了人们的生育观

1978 年，计划生育政策被正式列入宪法，成为我国的一项基本国策。20 世纪 80 年代以后，土地作为最基本、最重要的生产资料，对农民家庭的生计和经济利益至关重要。在人口众多、土地有限的情况下，农民家庭往往会追求拥有更多的土地，这是出于经济利益和农业生产的需要。

从集体来看，人口的增加造成了土地的不断分割和重新分配。当一个家庭的人口增加时，他们有可能要求从集体土地上划分出更多的土地来满足家庭的耕作和生活需求。这种土地分割的现象在某种程度上可以满足人口增长下家庭的土地需求，但同时也带来了土地碎片化和农田质量下降的问题。

从家庭来看，人口的增加可以获得更多的土地。因此，土地按人口分配政策在一定程度上刺激了农民家庭的多生多育。家庭人口的增加可以带来更多的劳动力和劳动资源，能够进行更大规模的农业生产，进而增加农民家庭的收入，改善经济状况。因此，一些农村家庭可能会通过多生孩子来获取更多的土地资源，从而改善自身生计和经济状况。

直到 1993 年，“增人不增地，减人不减地”政策的提出，意味着农民家庭可以在这一期限内充分整合家庭经济资源，将家庭的生育行为建立在较为理性的基础上，再加上受计划生育政策的外力影响，人们的多生多育观念开始进一步被弱化。

2. 市场经济体制对生育观的影响

随着市场化改革的深入和市场化进程的推进，计划经济体制时期存在的各种福利分配制度已荡然无存。农村家庭多生、多育的行为也失去了原先按人口分配土地的制度激励。于是，农村的大部分地区通过开办“乡镇企业”，使其劳动力全部或大部分由农业转移到非农业领域。这样一来，他们的生活方式也开始从农村型向城市型方向转变。

二、生育观念及其变化对社会发展带来的影响

在传统农业社会里，农村妇女在人口发展过程中，只是一种生育后代、延续人类的工具，妇女不可能产生独立的生育观。因此，家中长辈和丈夫的生育观会直接成为妇女的生育观，直接作用于妇女的生育行为。即使妇女在这种社会条件下有自己的生育观念，但是这种生育观念在生育行为的实践中也是无法实现的。比如，家中长辈和丈夫想要儿孙满堂，而媳妇的不愿意多生孩子这一点也是难以做到的。

1. 对婚姻观念的影响

在中国的传统观念中，婚姻的重要目的之一是生育后代，以传承家族血脉和家族势力，这是婚姻和家庭的重要职责之一。生育后代可以确保家族的

延续，继承家族的财产和社会地位，并为家庭提供劳动力和照顾。对妇女来说，她们希望通过生儿育女来提高自己在婚姻关系中的地位。

2. 对人口结构的影响

如果妇女违背家中长辈和丈夫的传统生育观念，那么，她们在家庭和社会上不仅没有任何地位，还会受到种种指点和惩罚。在现代社会，尤其是农村，人们依然离不开家庭，家庭还具有存在的客观条件和基础。但是，随着农村社会经济水平的日益提高，农民外出务工并受城镇化影响，人们对家庭的依赖性降低，随之出现了家庭观念淡化的趋势，导致农村早婚、早育、多育的动力降低，晚婚、晚育的现象应时而生。

据相关人员调查，当问到农村男性希望自己的结婚年龄是多少时，大多数人（71.4%）回答希望在 25 ~ 29 岁结婚，这可能是因为在这个年龄段，他们通常已经完成了学业，具备了一定的经济基础和稳定的就业机会，可以承担起家庭的责任和经济支持。此外，一部分人（14.3%）希望延迟结婚年龄至 30 ~ 34 岁，可能是因为他们在职业发展方面有更多的考虑或其他个人原因。

当问到农村女性同样的问题时，较大比例的人（51.7%）希望在 25 ~ 29 岁结婚，这可能反映了在农村社会中，女性在这个年龄段通常已经达到了婚嫁的适龄期，同时也考虑到身体状况和生育能力的因素。相比之下，有一部分女性（37.9%）希望在 18 ~ 24 岁结婚，这可能与传统观念和习俗有关，较早结婚可能受到家庭的期望或社会压力的影响。还有一小部分女性（6.9%）和男性一样，希望推迟结婚年龄至 30 ~ 34 岁，可能是由于职业发展的考虑或其他个人原因。

这些数据反映了农村地区结婚年龄的差异和多样性，每个人的愿望和决策受到个人经历、家庭背景、社会文化等多种因素的影响。同时，随着社会经济的发展和观念的变化，人们对结婚年龄的期望也可能发生变化。这些数据为制定相关政策和提供社会支持提供了参考，以满足不同人群的需求和期望。

随着计划生育政策在农村的逐步落实，人们意识到女儿也有家庭共同的血缘。儿子可以传宗接代、赡养父母，女儿同样也可以传宗接代、赡养父母。儿子、女儿在传宗接代中具有同等作用的新观念的产生，有利于形成少生、优生的农村新风俗。

生育观对传统家庭养老观的影响

家庭养老，是人类生存和发展的基础，亦是家庭的主要功能之一。人不仅是社会关系的产物，也是具有感情和理性的高级动物。当父母生育和养育子女之后，子女赡养老人，让老人安享晚年就是人之常情、理所当然。

一、传统家庭养老的特点

亲情，是家庭养老的基本根源。即是说，人们的祭祖、认祖归宗的感情都属于血缘亲情的同一类感情。同为中华儿女，民族的血脉自然也是相通的。家庭、家族都是民族的细胞。血浓于水，血缘亲情自然高于人的一般感情。如此说来，农民家庭养老保障就有了永远割舍不断的血缘亲情基础。

1. 血缘亲情是家庭养老的基础血缘

我国家庭养老的血缘亲情与农业社会是分不开的。在几千年的发展过程中，我国始终以农业为主，家庭血缘亲情的感情共性是农业文明的升华，与游牧文明、狩猎文明、工业文明的感情基础有着根本的不同。因此，人们对祖先、对父母的尊重和爱戴是一辈传一辈的。无论人们是在家耕耘还是在异国他乡，也无论人们是身居显位还是一介平民，都不敢忘怀家乡父母的养育之恩。

2. 传统文化是家庭养老的历史依据

我国社会以儒家思想为主导，家庭观念十分浓厚，长辈在家庭中拥有崇高的地位。虽然各家思想迥异，但对“孝”的解释一直保持一致。可以说，“孝”是中国家庭伦理道德的核心，后来也被运用到了社会现实生活中。“孝”发展成为封建道德的核心概念，不仅要求子女对父母尽孝，还要求在社会关系中保持尊卑有序、长幼有序的秩序。孝的实践包括尊敬父母、照顾兄弟姐妹、奉养妻儿等方面。孝道不仅强调子女对父母的尊重和敬意，也承载着社会秩序和家族价值观念的传承。

3. 政府为家庭养老提供外力支持

在我国几千年的历史过程中，家庭养老占主导地位，其关键就在于政府这一外在力量的支持。没有政府这一外力支持，家庭养老就很难保持下去。比如，在汉高祖二年，刘邦为了打败项羽，下令选择年 50 岁以上、有德行、能带领百姓向善的老人为三老，每乡置一人。此外，每县再选择乡三老一人为县三老，免除他们的徭役，每年还赐予他们酒肉，让他们负责教化百姓。由此看来，在我国古代，统治者已经将家庭养老作为其治国的一种策略。

二、生育观对传统养老观的影响

孔子和孟子是中国儒家学派的代表人物，他们强调孝道的重要性，并提倡人们对父母的尊敬和孝顺。在儒家思想中，子女对父母的养老责任被视为一种道德义务，子女应该尽心尽力地照顾和奉养年迈的父母。这种传统观念认为，子女通过孝顺父母能够延续家族血脉、维系家庭的精神纽带，并在某种程度上积累社会公德。

在农村地区，传统的孝道观念深深根植于当地社会和文化中。由于农村地区经济条件和社会保障体系相对较弱，家庭养老责任往往落在子女的肩上。农村家庭普遍认为，子女应该尽全力照料和供养年迈的父母，这被视为一种天经地义的义务和责任。孝道的观念不仅是一种传统文化的遗产，也是农村社会中维护家庭养老的内在动力。

1. 对老人生活方式的影响

就我国现实情况而言，在城市地区，许多离退休干部和职工可以享受到来自原工作单位和国家社会保障体系的养老保障。他们通常有退休金、医疗保险和其他福利待遇，这为他们提供了相对可靠的养老保障。此外，城市老年人可能还享受到社区养老服务和其他福利，有一定的社会支持网络。

相比之下，农村老年人的养老问题存在一些挑战。农村地区的社会保障制度相对薄弱，许多农村老年人缺乏稳定的养老金来源和医疗保障。他们通常依赖家庭来承担养老的经济负担，并面临着养老保障不足的问题。此外，由于农村地区的医疗和养老服务设施相对较少，农村老年人也可能面临医疗和照护资源有限的问题。

为了应对这一情况，中国政府已经采取了一系列措施来改善农村老年人的养老条件。例如，农村地区推行了农村养老保险制度，为农村居民提供了一定的基本养老保障。此外，政府也在加强农村基层养老服务设施和社区养老服务的建设，提供更多的医疗和照护资源。因此，对农村老年人来说，即使他们想要继续劳动，也是由其自身的身体状况来决定的。即使已经年过 80 岁，为了增加家庭收入，他们仍需要不断地劳作，以减轻子女的负担等。

2. 对传统养老的道德伦理的影响

家庭是影响中国社会发展的重要因素。59.2% 的被调查者认为，与老人共同居住的原因是子女就应该照料父母。我国老人尤其是农村老人，养老的重要内容体现在两方面：一是提供物质生活保障，二是提供精神生活保障。封建社会中的“孝道”至今在人们的思想中根深蒂固，这一思想对维护老年人权益、要求子女尽赡养父母的义务起到了重要作用。

养老对中国老人尤其是农村老人来说，重要内容主要体现在物质生活保障和精神生活保障两方面：一是物质生活保障方面，老年人需要有足够的经济资源来支持他们的日常生活需要，包括食物、住房、医疗和其他生活费用。二是精神生活保障方面，老年人有一种被尊重和关爱的需求。中国的传统文化中强调孝道和对父母的尊敬，这种观念根深蒂固，并在现代社会仍然保留。

在现代社会中，随着家庭结构的变迁和社会变革，老年人的养老问题逐渐涉及家庭和社会多个层面。除了子女的赡养义务，政府和社会也应承担起对老年人的关爱和照顾责任，提供社会福利、养老服务、医疗保障等支持。同时，传统的孝道价值观依然对社会和个人的行为起到一定的引导和影响，有助于构建和谐的家庭和社会关系。

三、当前养老观变化的主要表现

中国人向来把“养儿防老”当作天经地义的事情。在传统的养老观念中，由于老年人文化水平低，每天都习惯于封闭在家中。而子女又忙于工作，几乎没有时间与父母交流。于是，老年人就被作为社会和家庭的“包袱”。于是，人们便开始祈求“多子多福”，并将“养儿防老”放在首位。

然而，随着计划生育政策的实行，农村的养老观已经发生了一些新的变化，“养儿防老”观念在人们的心中已经渐趋弱化，具体表现在以下三方面：

1. 部分农村老年人的独立意识明显增强

在许多农村地区，老年人已不再单纯依附子女来养老。近年来，为了确保农村老年人能够继续在农业生产中发挥作用，需要采取一系列措施。包括提供老年人的健康保障和养老服务，设立农村劳动力补充机制，加强农村社区组织和农业合作社的建设，提供技术培训和支持等。同时，政府、社会组织，以及家庭成员都要为农村老年人提供必要的物质和精神支持，尊重他们的意愿和选择。只有这样，才能让老年人实现活到老、干到老的愿望。

与此同时，由于农村生活环境的改善和农民生活水平的提高，农民的身体素质也随之提高。对大多数农村老年人来说，都必须通过从事农业生产劳动，通过自己的不断努力，来解决自己的养老问题，来维持他们的基本生活需求，从而实现日常生活的自我料理。

2. 树立“女儿也是赡养人”的观念

从前，在大多数农村家庭，女儿一直处于从属地位，农村老年人主要依靠儿子养老。他们认为，儿子养老是天经地义的事情。只有家里没有儿子时，才会由女儿承担赡养义务。因此，儿子是农村老年人养老的依托，“养儿防老”成为夫妻生育的基本愿望。

伴随着农村女性人口文化素质的提高，部分女性也能操纵各种较先进的劳动工具，掌握较先进的技能和技术。对女性来说，能够拥有一份工作对她们在家庭中的地位有着很大的影响。这就说明，如果女性在经济上不能独立，在家庭中可能便无权利、无地位。可见，女性的地位很大程度上取决于经济条件。只要女性拥有独立的经济收入，就能够提高自己在整个家庭中的地位。随着农村女性地位的提高，“女儿也是赡养人”的养老观念逐渐深入人心。

3. 传统家庭养老模式让位于多元养老模式

当前，农村社会养老保障体系呈现出多元化的特征，包括家庭养老、自我养老、社会养老和社区养老这四种主要方式，并且还有商业养老保险和土地保障作为补充。这些养老方式相互结合，为农村老年人提供不同层面的养老保障。①

在农村地区，绝大部分被调查者选择在家中养老，这可能与他们当前的生活状况、经济状况或个人意愿有关。可以说，在中国传统观念中，孝道和

① 王述智，张仕平 . 关于当前农村养老问题及其研究的思考 [J]. 人口学刊，2001（1）.

尊重父母的价值观念依然根深蒂固，子女有义务照顾和赡养父母，主要表现在以下三方面：

第一，我国养老保险的社会化程度不高。目前，我国的养老保险制度以城镇职工养老保险和城乡居民养老保险为主要组成部分。城镇职工养老保险覆盖了城市的企事业单位职工，而城乡居民养老保险则是为农村和城市非工作人员提供的养老保障。对农村老年人来说，他们根本享受不到退休金和各种补贴，因为社会尚无足够的能力承担起农村老年人的养老任务，这一点是毋庸置疑的。

第二，我国农村老年人的经济来源主要由子女来提供。由于我国广大农村的生产方式落后，生产力水平较低，经济水平也比较落后。以上种种状况表明，我国还不具备普遍推行养老金制度的条件。此外，家庭养老的成本较低，同居一室，以便于家庭成员照顾老人。这样一来，既不影响生产，也不影响养老，可谓是两全其美。

第三，思想观念、传统文化和生活习惯对老人养老载体选择的影响。在传统社会，农村老年人向来渴望子女的生活照料与精神慰藉。由于受传统观念的影响，农村中的老年人可以忍受物质方面的相对贫乏，却不愿意缺少与子代、孙代的情感交流。因为在他们眼中，家庭与生活就是他们的精神支柱。

第二节　农村居家的养老模式

居家养老模式是一种在社区环境下为老年人提供多种服务的方式。它的主要目的是满足老年人的日常生活需求，同时保持他们与社区和家庭的联系。居家养老，就是以社区为平台，整合社区内的各种服务资源，为老年人提供助餐、助洁、助浴、助医等服务。这种养老模式既可以解决老年人在养老院养老亲情淡的问题，又能解决传统养老服务不足的难题。因此，居家养老又被称为“没有围墙的养老院”，是养老模式的“第三种选择”。

然而，构建这一养老服务体系并不是一蹴而就的，而是需要一个循序渐进的过程。因此，我们必须积极行动，以合理有效的方式，建立和完善农村居家养老服务体系，从而解决我国农村空巢老人的养老问题。

农村空巢老人的养老现状

在明清时期，中国的农村家庭普遍以传统的大家庭为主，多代同堂居住。家庭的组织形式和价值观念也受到封建传统和儒家思想的深刻影响。

随着时代的变迁，中国农村地区逐渐出现了一些家庭结构的改变。其中一个重要的因素是土地的私有化造成了人口聚集现象，许多年轻人离开农村前往城市寻找工作机会，这导致了农村家庭的空巢化倾向。需要注意的是，农村空巢家庭的形成是一个渐进的过程，其具体发展和变化在不同地区和家庭中可能会有所差异。

一、农村空巢老人形成的历史回顾

近年来，在日渐强劲的城市化的浪潮中，农村的大多数土地都陆续被征用，这就导致农村的青壮年失去了劳动对象。为了生存，他们只好到大城市去打工。留在农村的只有一些妇女、儿童和老人。因此，人们习惯将那些年龄在60周岁以上，且他们的子女都外出打工或者居住在较远地方，自己独自生活的老人，统称为空巢老人。

19世纪，中国大部分人都住在乡村，都在村里从事一些农业生产。19世纪中期以后，由于工业、商业、运输业及其他行业的发展，中国传统的农耕文明开始向近代社会文明转型，城市成为移民和离村农民的集居地。大量村民在离开土地的同时，也完成了与家庭的分离，从而导致传统大家庭的解体，我国农村空巢家庭随之出现。

到了19世纪40年代，现代化的西方文明逐渐渗入中国社会，我国传统家庭结构遭受到了不小的冲击。鸦片战争后，人们便将“救亡图存”当作这一时期的主题。特别是新文化运动时期，一些激进的民主主义者还发展了小家庭的思想。这就表明，传统家长制的权威正在消失，男尊女卑的观念在一定程度上得到了转变。

在民主、自由、平等思想的影响下，出现了与以往迥然不同的社会现象，一些青年才俊试图走出家庭、走向社会。一部分较为开明的父母逐渐接受了近代文明的洗礼，开始尊重子女的意愿和选择。这种观念促使父母与子女的关系发生了变化的同时，也促进了近代空巢家庭的形成。

随着现代社会的发展和比较利益的驱动，在农村地区，大部分年轻人选择离开家乡前往城镇求学、务工或经商。这一现象的确对农村老年人的养老情况产生了影响。由于家庭成员离家，农村老人面临独居的情况日益增多，从而给农村老年人的居住、护理、医疗和社交等方面带来一系列挑战。

从历史的不断发展中，我们不难看出，我国传统的家庭模式发生了一系列变动，空巢家庭的规模、数量也在不断变动。不仅如此，由于农村青壮年的劳动力逐渐向城镇流动，从目前到未来几十年里，农村居民中的老龄化群体比重迅速增加。在这种形势下，农村空巢老人的比例也在不断扩大。

二、农村空巢老人形成的现实背景

当前，中国正处于社会转型期，从农业、乡村、封闭的传统社会转向工业、城镇、开发的现代社会，这一转型过程对家庭结构和家庭关系产生了深远的影响。特别是20世纪80年代中期以来，中国城镇化进程加速，大量的农村剩余劳动力涌入城市寻找工作和经济机会。这导致了农村空巢家庭的增多。随着我国城镇化进程的不断加快，这种分化的趋势还会进一步加剧。

1. 人口老龄化

人口老龄化趋势，是人类发展进程中的一个客观现象。截至 2021 年年末，全国 60 周岁及以上老年人口 26736 万人，占总人口的 18.9%；预计到 2040 年，中国的 80 岁及以上高龄老人将达到 7400 多万人。这种老龄化趋势对社会经济、医疗保健、养老服务等方面都提出了巨大的挑战。

从一定意义上讲，农村人口老龄化问题更应引起社会的关注和重视。从总量上说，农村老龄人口远多于城市。与第五次全国人口普查相比，农村人口老龄化的增长速度快于城市增长速度。[①] 人口老龄化和高龄化现象，在一定程度上加剧了空巢老人的增加，这种情况在现代社会越来越常见。

2. 家庭结构变化

家庭是基于婚姻和血缘关系而形成的社会生活基本单位，它在一定程度上反映了社会的结构和价值观。除了核心家庭、主干家庭和联合家庭，还存在其他类型的家庭结构。比如，单亲家庭、寄养家庭、重组家庭等，它们有特殊的特点和组成形式。家庭结构的分类有助于理解家庭成员之间的角色和互动方式，以及家庭内的资源分配和责任分工。不同的家庭结构在文化、社会和经济方面都有不同的影响，也呈现出各自的优势和挑战。

在市场经济和计划生育政策的影响下，家庭规模逐渐向小型化、核心化发展。[②] 对那些 20 世纪 70—80 年代出生的人来说，他们在改革大潮的推动下，几乎很少有人常年待在家里务农，他们要么在外工作，要么在外打工，随之出现了父母独守空巢的情况。

当然，这只是对城乡家庭规模差异的一种可能解释，实际的情况可能受到更多复杂因素的影响。对于家庭规模的变化趋势，还需要综合考虑人口结

① 张翼 . 中国第五次人口普查数据分析 [EB/OL]. 中国网，http：//www.china.org.cn.

② 关雅梅 . 影响农村计划生育的五大障碍 [J]. 理论界，1998（5）.

构、文化因素、社会政策等因素的综合影响才能得出更全面的结论。

3. 城镇化进程加速

近年来，中国出现大规模的农村向城市的人口流动现象，这种情况主要出现在中国经济发展和城市化进程加速的背景下，农村劳动力为了寻求更好的就业机会和生活条件而选择到城市定居。第五次全国人口普查资料显示：当时，流向城市的劳动年龄人口总数为6700万人，其中4800万人来自农村，占迁移者总数的72%。这显示了农村人口在城市劳动力流动中的显著比例。农村地区的劳动力倾向于迁往城镇，以此寻求更广阔的就业机会、提高收入水平和改善生活条件。

另外，1900万人来自城镇，占迁移者总数的28%。这一部分人口可能是城市内部的人口流动，包括由于职业发展、经济条件改变或个人意愿而在城市之间进行的迁移。这种大规模的农村人口流向城市的趋势，也反映出城市作为经济中心和工作机会集中地的吸引力。城市提供了更多的就业机会、教育资源、医疗保障和社会福利等，这些都是吸引农村劳动力迁往城市的重要因素。

在这些迁移者中，流向城镇的劳动年龄人口主要集中在35岁以下，约占迁移者总数的77%。不难看出，年轻人更倾向于离开农村。2000年，城镇老龄化水平为6.30%，而农村为7.35%，农村老龄化水平超过城市1.05个百分点。这说明农村地区的老龄化问题相对突出，可能是因为年轻人的离开导致了劳动力减少，同时农村的老年人口相对增加。这些数据反映了中国社会结构的变化和城乡差距的扩大。

4. 思想观念转变

如今，很多老年人的观念发生了一些改变：有的老年人不愿意给子女当“保姆”、带小孩等，更愿意独立生活，在晚年拥有更多的自由；有的老年人看到子女们在激烈的竞争中生存不容易，便开始转变“养儿防老”的观念。一方面，随着社会进步和经济发展，老年人对养老方式和资源的期望发生了变化。他们越来越意识到可以通过养老机构或社会服务来满足他们的生活需求。另一方面，现代生活节奏加快，子女们面临工作压力和个人发展的追求，可能无法充分照顾和陪伴父母。一些老年人为了减轻子女的负担，主动选择独立居住，也是对子女们的一种关心和体谅。这种观念的变化，加之人口老龄化和城市化的趋势，导致农村地区空巢老人的增加。

5. 城乡生活差异

由于学习或工作的繁忙和职业竞争的不断加剧，虽然子女们想要赡养老人，但是已经变得力不从心了。子女们难以像过去一样陪在父母身边，尽孝心和尽照料的义务。当子女们在外地安家立业后，就会产生将老人接过去一起生活的念头。然而，老年人却由于对久居的生活环境产生了深厚的感情，对左邻右舍、对农村传统的家居生活已经习惯，大多数情况下都不愿意离开熟悉的环境。

首先，城市生活的节奏快，注重效率和速度。相比于农村的缓慢生活节奏，城市要求人们快速适应高度竞争的环境。其次，城市生活注重精密性和多样性。城市中的科技、信息和文化发展迅速，为人们提供了广泛的选择和多样的生活方式。农村老年人可能受限于教育水平和知识结构，对新技术、互联网和电子设备等方面的熟悉度较低，这可能使他们难以适应城市生活的变化和需要。

此外，思想观念差异也是农村老年人适应城市生活的挑战之一。城市生活强调个人的自由、独立和多样性，而传统的农村社会更加注重集体和家庭的利益。这种思维方式的转变可能需要时间和适应过程。在此期间，老年人可以逐步适应城市生活的快节奏和多样性，继续享受丰富的社会资源和提升生活质量的机会。

农村空巢老人养老模式的选择

随着农村空巢老人数量的增加，他们面临的养老问题逐渐凸显，这对他们的晚年生活产生了严重的影响。而解决农村空巢老人的养老问题，就是一个复杂的系统性挑战，需要多方面的合作和努力。

此外，家庭和社会也需要重视对农村老人的关爱和关注，鼓励子女回归农村，提供适当的照料和陪伴。在农村社区中加强社交活动和互助组织，营造亲情和邻里之间的支持网络，也是改善农村空巢老人养老状况的重要举措。

一、我国农村现行养老供给模式的分析

在我国广大的农村地区，现行的养老模式主要分为家庭养老、集体养老、社会养老和个人自养这四种。这些养老模式在实践中存在一定的差异，并且在不同的地区和家庭中可能存在结合使用的情况。下面不仅对现阶段面临的主要问题进行了阐述，还对这四种养老模式存在的基础和条件进行了一番具体的分析和比较。

1. 家庭养老供给模式

家庭养老是一种建立在传统孝道伦理观念上，以血缘和亲情为基础的养老模式。在传统的中华文化中，孝道和亲情一直被视为重要的价值观念，赡养父母被看作每个子女的责任和义务。家庭养老是建立在这些传统观念上的，子女会为父母提供经济支持、照料和精神慰藉。所以，在农村经济发展水平相对较低，其他养老模式的条件尚未完全具备的情况下，家庭养老具有难以取代的优越性。除了家庭养老模式，政府和社会应该继续努力提供更多的社会养老服务设施和资源，以满足农村老年人多样化的养老需求。

2. 集体养老供给模式

集体养老是强调在特定地区范围内，由具备集体经济实力和组织能力的乡村或乡镇组织对老年人进行赡养和关爱的模式。集体养老可以区分为分散型养老和集中型养老两种形式。分散型养老是通过发放养老金的形式对老人进行赡养，供养对象一般都居住在家；集中型养老则是通过提供养老场所、养老服务等形式对老人进行赡养，供养对象则居住在敬老院。

3. 社会养老供给模式

社会养老强调整个社会共同承担养老责任，不仅仅依靠个人或政府的力量。它意味着通过社会共识、政策支持和社会参与，建立起一个系统化的养老保障机制，为老年人提供综合性的福利和服务。可以说，社会养老模式是当前面临家庭养老模式的一种重要补充形式。

从当前来看，我国农村地区推广社会养老的时机还不够成熟，特别是在一些欠发达的农村地区，社会养老更是难以顺利实施。虽然社会养老是养老的更高形式，但是由于受到我国农村经济发展水平和传统养老观念的影响和制约，想要在广大农村地区实施还存在着一定的难度。

4. 个人自养供给模式

个人自养指的是个人在年轻时积累与储备一定的资源，以在年老时自我维持和拥有养老的能力。个人自养的养老模式主要包括经济储备、健康储备和精神储备这三方面：第一，对农村老年人来说，由于他们拥有土地、农具等生产资料，可以通过自我劳动来获取生存资料；第二，对年青一代来说，个人自养可以减轻他们赡养老年人的种种压力，缓解了两代人之间的矛盾和冲突；第三，个人自养有利于推进老年人才资源的开发利用，充分发挥经验和技术优势，实现自身的价值。

综上所述，随着社会变化和家庭结构的演变，我国传统家庭养老的功能在逐渐减弱，同时也面临着一系列严峻的挑战，这就预示着农村空巢老人的养老问题将从隐性转为显性。因此，建立一种适合农村空巢老人的养老模式是一项迫在眉睫的任务。

二、我国农村居家养老模式的现实意义

正是“未富先老”的基本国情，决定了我国不可能照搬福利国家的养老模式。为了应对农村地区养老问题，我们需要积极探索与我国农村社会发展相适应的养老模式，结合社区养老服务、家庭与社会养老的结合、康复和护理服务、科技创新等方面来提供全面的养老支持和服务，确保农村老年人的健康和福祉。

1.“居家养老”的提出

最先提出“居家养老”这一概念的是西方发达国家。① 相对于“家庭养老”而言，“居家养老”虽然只有一字之差，却被赋予了全新的含义。居家养老是把社会化的养老服务引入家庭，是对传统的家庭养老模式的补充与创新。也就是说，养老服务不仅仅由家庭成员提供，还包括社区的支持和参与。

此外，通过居家养老模式，农村老年人可以在熟悉的家庭环境中得到全面的养老照顾，同时得到社区的支持和服务。这既减轻了家庭成员的养老负担，也满足了农村老年人的养老需求。因此，居家养老模式的创新为农村地区养老问题提供了新的解决途径，也进一步提升了老年人的生活质量和福祉。实际上，居家养老包含以下几层含义：

第一，养老服务的主体。养老服务的主体具有多元化的特点。既有来自家庭成员的照顾，也有来自社会的帮助。同时，国家的法律法规在居家养老模式中起着重要作用。为了促进居家养老发展并保障老年人的权益，许多国

① 春璐，晓晶．关注居家养老——居家养老符合中国国情——访全国老龄办副主任闫青春[J]. 中国社会导刊，2008（8）：15.

家都制定了相应的法律法规和政策。

第二，养老服务的形式。重在强调多层次和多样性，以满足不同农村空巢老人的需求。农村空巢老人可以根据自身需求和状况选择合适的服务方式。政府、社区和志愿组织在提供这些服务时应注重质量、专业性和人性化，确保农村空巢老人能够得到有效的支持、关爱和满足其养老需求的服务。

第三，养老服务的内容。主要包括日常生活照料服务和精神慰藉两方面的内容。在日常照顾方面，包括衣、食、住、行、医等方面，而这些需求主要以社区服务为基础，并充分利用各种照顾资源。社区服务中心、居家护理服务机构等提供了衣物清洁、膳食配送、住宅维修等服务，以满足老年人的日常生活需求。

2. 建立农村空巢老人居家养老模式的现实意义

居家养老模式通过拓宽养老途径和更新养老方式最大限度地整合了社会资源，在解决农村家庭空巢化过程中的养老问题上发挥了重要作用。这种模式通过整合社会资源和提供多样化的养老服务，为农村空巢老人提供了更多选择和支持，满足他们日常生活和精神慰藉的需求。它对促进老龄事业与经济社会的协调发展，以及构建社会主义和谐社会具有巨大的意义。

第一，适合我国基本国情。随着我国老龄化问题的日益突出，传统的家庭养老模式确实面临一些挑战和困难。适应当代社会变化和老年人需求的新型居家养老服务模式的建设，对于解决养老服务难题至关重要。这就要求我们必须立足于当前的基本国情，发扬孝亲敬老的传统美德，尊重老年人的意愿和心理需求，全力营造一种新型的居家养老服务模式。这需要社会各界的共同努力，整合资源，注重科技创新，以满足老年人多样化的养老需求，创造一个尊老敬老、关爱老年人的社会环境。

第二，降低社会养老成本。一方面，居家养老模式可以由家庭子女提供经济供养，将养老的经济压力分散到每个家庭，有助于缓解养老制度的压力，使国家的养老资源能够更好地集中在真正需要的人群上；另一方面，可以由社区和社会帮助家庭成员为在家里居住的老年人提供生活照料、医疗护理和文化娱乐、精神慰藉等方面的服务，帮助老年人居家生活，减少了入住养老机构的需求。

第三，有效利用社会资源。居家养老作为一种合理配置养老资源、充分发挥资源效益的方式，可以有效地应对人口老龄化所带来的挑战。过去，我国养老事业主要由政府包办，随着人口老龄化的加剧和人们对个性化、灵活化养老服务的需求增加，单靠政府包办的模式变得难以满足广大老年人的多样化需求。

第四，符合农村传统观念。在中国文化中，家庭被视为核心和基本单位，家庭成员之间的联系和互助关系被重视和强调。家庭被认为是一个温暖、安全的避风港，是提供亲情、陪伴和支持的重要场所。与西方文化所不同的是，我国农村老年人不仅希望获得服务，更看重家庭带给自己的安全感和亲情感。由此看出，居家养老模式与传统的家庭养老观念相符，所以易于被农村老年人所接受。

综上所述，居家养老模式的优势体现在三方面：一是顺应人口老龄化的客观要求，适合我国的现实国情。居家养老模式可以将养老服务提供到老年人的家中，满足他们在家中生活的需求。二是符合我国的传统文化习俗，满足老年人居家的愿望。三是有利于整合社区资源和家庭资源，降低社会养老成本。居家养老模式可以更好地整合社区资源和家庭资源，发挥社会的力量。

因此，我们通过整合这些资源，可以为老年人提供有针对性和个性化的养老服务，减轻政府的负担，降低社会养老成本。

第三节　城市居家的养老模式

面对人口老龄化进程的加快，未来究竟应该如何更好地养老，这一问题引起了人们的普遍关注。尽管居家养老模式在城市老年人中越来越受欢迎，但也需要注意确保服务质量、保障安全和提供必要的监督机制。政府和社会应该提供支持、推动相关政策，并加强对居家养老服务的监管和培训，以确保老年人能够获得高质量、安全可靠的养老服务。于是，备受推崇的居家养老模式逐步受到了城市老年群体的喜爱。

建立城市居家养老模式的意义

在城市化和经济发展的背景下，城市老龄化问题成为当务之急。面对这一挑战，选择合适的养老模式对城市老年人来说至关重要。在选择养老模式时，应综合考虑老年人的健康状况、经济能力、家庭支持等因素。同时，政府和社会也需要加强相关政策和措施的制定与落实，为城市老年人提供多样化的养老选择和支持服务。这样才能确保城市老年人在晚年得到尊严、安全和贴心的照料。

一、人口老龄化对城市养老的影响

人口的快速老龄化、高龄化，对社会造成的影响体现在多方面，其中养老便是最直接的问题。应该说，养老本身并不是一个新问题。由于人口老龄化问题，养老问题逐渐变成了一个重大问题。

现阶段，在人口老龄化的形势下，城市老年人到底应该依靠谁来养老、在哪儿养老？发扬中华民族尊老敬老传统，推崇居家养老模式，这是符合大多数老年人的养老意愿的做法。尊老敬老是中华民族的传统美德，老年人期望能够在自己熟悉的家庭环境中度过晚年，得到家庭的关爱和陪伴。居家养老模式强调满足老年人的需求、提供个性化的关怀和支持，对许多老年人来说，这是他们理想的养老方式。

在这样的背景下，社区养老同样具有重要的意义。通过发展社区养老服务，可以提供专业化的养老护理、康复服务、文体活动等，满足老年人的各种需求，并促进老年人之间的社交互动。社区养老还可以减轻家庭的养老负担，提供更全面的支持。因此，综合考虑居家养老与社区养老的优势，可以是一种综合的养老模式。

二、建立城市居家养老模式的必然性

相对于国外许多国家，中国城市的养老模式发展相对滞后。这与中国的工业化和城镇化进程起步较晚，以及老龄化问题的快速崛起有关。随着现代工业化和城镇化的不断推进，在应对老龄化引发的养老模式的选择问题上，我国城市的养老模式发展相对滞后。因此，探究当前新型的城市居家养老模式有着一定的必然性和可行性。

1. 传统的家庭养老模式面临挑战

从社会学的角度来看，家庭是社会组织的基本单位，它承担着照料、教育、社交等多种功能，其中之一就是养老。

在家庭养老模式中，老年人可以经常得到家庭赡养人提供的较为深厚的养老资源。伴随着我国人口老龄化的推进，传统家庭养老模式的养老功能出现了弱化，面临着一场前所未有的挑战，我们需要采取一些相应的措施：一是加大养老服务投入。政府应加大对养老服务的投入，提供更多的养老服务设施和资源。二是推动社会化养老服务。鼓励社会资本参与养老服务，引导和支持社会力量开展多样化的养老服务。三是倡导亲情关爱和邻里支持。加强亲子关系的传承和家庭责任的履行，鼓励家庭成员之间的互助和关爱。四是鼓励科技创新的养老模式。积极推动科技创新在养老服务中的应用，为老年人提供更多便利和精准的养老服务。

综上所述，家庭养老在面对养老资源减少和养老支持力弱化时变得力不从心。通过发展社会化养老服务、建设养老机构和加强社区支持，可以为城市老年人提供更好的养老选择和支持，分担家庭的养老压力，提升老年人的生活质量和幸福感。

2. 社会机构养老模式存在发展困境

随着老龄化进程加速，养老机构的床位供应与老年人的需求之间存在矛盾。这可能导致床位紧张和排队等待的情况，并且服务设施不能完全满足老年人的需求。为了解决这个问题，需要政府加大投入，引导和支持社会资本参与养老服务的提供，扩大养老机构的建设规模，提高养老机构的服务质量。

养老机构的建设和布局需要注重老年人的实际需求。合理规划和建设养老设施，提供舒适、安全、便利的生活环境，考虑老年人的行动能力和特殊需求，是重要的方面。此外，收费高昂是制约机构养老发展的一大问题，特别是对低收入的老年人来说经济承受能力有限。为了解决这些问题，需要政府加大投入，提升服务质量，合理规划和建设养老设施，降低养老机构的收费，以提供更好的养老服务，满足老年人的需求，并促进社会机构养老模式的可持续发展。

3. 城市养老模式比较中的发展趋势

在一些大城市，除主要的家庭养老和机构养老之外，还存在着其他多种养老模式。在城市中，由于房产资源的相对稀缺性，传统的家庭养老模式可能更适合那些手头有房产但无子女或不准备留给子女的老年人。对其他老年人来说，养老机构或其他社会化的养老方式可能更为合适。

随着社会的快速变化和人口老龄化、高龄化，城市需要推行一种符合绝大多数老年人意愿的养老模式，以满足不同老年人的需求。这需要政府、社会和家庭共同努力，探索和创新养老模式，以适应不断变化的养老需求和老年人的个体差异。此外，家庭在老年人养老中扮演着重要角色。家庭成员之间应增强关爱和责任心，提供老年人所需的照料和支持，解决老年人面临的生活问题和困难。

在社会转型的发展过程中，既要注重发扬家庭养老的优良传统，又要合理利用社会化机构养老的优势。可见，居家养老是一种既有别于传统家庭养老和社会机构养老，又能体现双方优势的新型社会化养老模式。在未来的城市发展中，居家养老将会是一种最主要、最受重视的养老方式。

三、建立城市居家养老模式的可行性

在城市人口老龄化、高龄化日益严峻的形势下，需要人们立即着手解决的问题是老年人的养老问题。通过分析现行的经济、社会、文化等状况，不难发现，在城市地区想要实现居家养老这一新型的养老模式，其现实的可操作性还是比较充分的。

居家养老作为一种新型的养老模式，尽管居家养老在城市地区的可操作性较高，但仍然需要政府和社会的支持和配套措施。政府可以借助技术进步、社区支持和家庭支持等因素，更好地满足老年人的居家养老需求，并提供更加个性化和符合他们意愿的养老方式。

1. 经济条件

随着经济总量的增长，城市老年人的收入水平得到提高，他们更有能力自主选择居家养老的方式并支付必要的养老服务费用。此外，人民的生活水平也在不断提高，城市老年人的生活质量和养老需求也随之提升。居家养老模式可以更好地满足老年人对舒适、自主和个性化养老的期待，提供贴近他们日常生活的服务。

为了进一步促进城市居家养老的发展，政府可以进一步完善福利政策和养老金制度，提高老年人的待遇和收入水平。此外，随着人口老龄化的加剧，老年人对养老服务的需求越来越多样化和个性化，这给城市社区经济带来了新的发展机遇。这些社区经济不仅能够提供更多的就业机会，缓解就业的压力，还能够有效地增加社区的经济收入。

2. 社会条件

随着政治经济体制改革的顺利进行，城市中的社区开始承担起养老责任，这为发展城市居家养老模式注入了强劲的动力。比如，在服务内容方面，除了提供基本的家庭生活服务，还设有老年学校、老年文体活动、医疗保健咨询等服务项目。这些服务不仅关注老年人的物质生活需要，还重视老年人的精神需求和社交互动，提供了更多的养老选择和精神激活的机会。

在服务形式方面，通过合理利用社区资源，提供了多种形式的服务。例如，为了方便就医有困难的老年人，社区可以提供家庭门诊或家庭病床服务的上门巡诊；对于空巢老人和孤寡老人，日间托老所提供生活照料服务，让他们得到照顾和关怀。这些个性化的服务形式有助于满足老年人的不同需求，让他们在居家养老中感到安心和满足。

此外，在城市社区建设的实践过程中，社区的管理体制也日趋科学化。这意味着建立更加专业化、高效化的社区管理机制，改善养老服务的规范性和服务质量。科学化的管理体制能够提高社区组织的运行效率、增强资源调配的灵活性，进一步提升居民在社区养老中的体验和满意度。

3. 文化条件

在我国，孝文化的形成可谓是源远流长。据文字记载，以孝道为核心的尊老养老道德观念在历史上已发展了 3000 多年。虽然穿过岁月的风尘，历史不断朝前迈进，弘扬传统美德仍在继续。可以说，“孝道”观念一直被社会所提倡，其社会根源与家庭的存在是息息相关的。

自古以来，“孝道”作为中国传统文化的核心价值观之一，被广泛推崇和传承，尊老养老是其中重要的内容之一。早在 2000 多年前，《论语》中就有关于孝道的论述。此后，这一观念成为中国传统文化中的重要组成部分。

在中国社会中，“孝道”观念一直被重视、提倡和传承。政府、学校、媒体和社会各界都积极弘扬尊老养老的价值观念。例如，每年的重阳节成为表达尊老爱老情感的重要节日，多种形式的尊老活动和宣传也得到了广泛开展。尽管社会在不断变革，人们生活方式和家庭结构也发生了变化。

近年来，城市老人的养老观念发生了变化，再加之社会竞争的日益激烈，大多数子女每天都将大部分心思放在了工作上。对于家中的老人，则无法花费更多的时间去照料，随之出现了与老人分居的现象，或是出现异地工作等现实状况。如此一来，老人们的生活照料就只能依靠自己的另一半。随着城市老年人独立意识的增强，城市居家养老模式得到了进一步的推广和发展。

城市居家养老模式的发展趋势

现阶段，城市新型的居家养老模式在部分城市的试点工作中取得了显著的成效，为越来越多的老年人提供了满足其养老意愿的选择。然而，城市居家养老模式在推进过程中仍然面临一些需要解决的问题。在这种新形势下，为了有效应对城市人口老龄化引发的养老问题，可以从政府、社会、个人和社区等方面进行一番探讨。

一、注重政府的导向作用

人口老龄化涉及的城市养老问题，需要动员各方面的力量来共同解决。在推进城市居家养老模式的健康发展过程中，政府发挥着重要的引导和扶持作用。政府的导向作用和政策扶持能够促使各方面共同努力，为城市老龄化带来的养老问题提供有效的解决方案。同时，政府还应积极与社会各界合作，共同推动养老服务的创新和发展，提升老年人的生活质量和幸福感。

1. 提高对城市居家养老模式的认识

在快节奏的都市中生活，老年人的养老问题会更复杂、更棘手。老年人养老问题解决得好坏，直接关系到家庭的和睦，同时也影响着老年人与其他社会群体的和谐相处。为了达成上述目标，第一，政府应发挥引导作用，提供政策支持和养老服务设施的建设；第二，社会组织可以参与养老服务的提供和社区建设；第三，家庭应重视老年人的养老需求，提供关爱和支持；第四，个人也要主动参与，关注自身养老问题，并做好规划。通过共同努力，才能推进城市居家养老模式的顺利发展，建设一个关爱和谐的社会。

2. 加大政府的财政预算投入

对城市老年人来说，他们居家养老的经济来源是以离退休金为主的。可见，政府的财政支持对于城市居家养老模式的发展至关重要。在推进居家养老服务的发展过程中，政府需要将养老服务经费纳入财政预算，并进行合理的分配。这将有助于满足人口老龄化带来的养老需求，提高老年人的生活质量，实现养老事业的可持续发展。

另外，政府还可以鼓励社会投资、发展养老保险等多元化的筹资方式，共同支持养老事业的发展。政府在发展城市居家养老模式中发挥着引导和激励的作用。通过出台好政策和优惠政策，政府能够为社会力量投资养老服务业提供正确的导向和激励。这样的做法不仅能够推动居家养老服务业的发展，还能够满足老年人的养老需求，促进社会福利事业的提升和可持续发展。

在此期间，这些扶持政策和措施可以为社会团体、企业和个人提供良好的投资环境，吸引更多的投资者参与居家养老服务业的建设。同时，也能够促进养老服务供给的增加，提高服务质量，满足老年人多样化的养老需求。

更需要注意的是，政府在制定这些扶持政策时需要考虑经济可行性、资金可持续性和监管有效性，以确保政策的有效执行和长期稳定发展。同时，政策的制定也需要与实际情况相结合，根据各地的具体情况和需要进行进一步的调整和完善。

二、加大老年社会保障的力度

现如今，老年人对社会政策、法律法规的需要程度越来越高。如果以满足城市老人的养老意愿为主要准则，推进居家养老模式的有效实施，就要在培育良好的社会养老氛围的同时，在法律法规上提供有力的保障。

1. 促进老年社会保障力度的提升

改革开放以来，国家政府和相关部门针对老龄化问题制定了一系列的法律、法规和政策，为老龄事业的发展提供了有效的制度保障。同时，在建立和完善我国养老保障体系的过程中，提升老年人社会保障的力度是建立和完善中国养老保障体系的紧迫任务。

那么，究竟应该如何扩大城市养老保险的覆盖面呢？第一，通过加大社会宣传力度，提高保险水平和扩大保障范围，实现老年人社会保障的全面覆盖和质量提升。第二，有效保障老年人的养老权益，提升全社会的养老保障水平。这需要政府、媒体、社会组织和个人共同努力，共同推动社会养老保险制度的发展和完善。当前的城市居家养老模式还处于初始阶段，它的健康发展需要一套健全的法律法规给予有力的支撑。

2. 促进和谐养老氛围的培育

曾经，社会上出现了一种不良的现象。有一些人曾把所谓的“人人为自己，上帝为大家”当作自己的格言。于是，他们开始变得自私自利，一心只为自己而活。在他们的内心深处，开始排斥老人。更有甚者，还对他们持有一种歧视的态度。

为了改变这一现象，需要大力宣传孝道，倡导传统孝道观念，形成广泛的尊老养亲的社会舆论。同时，还要建立适应现代社会发展的“新孝道”观念，以促进社会和谐的养老氛围的培育。

除此之外，在加强对“行孝”的宣传中，还应开展深入持久的敬老模范活动，以营造敬老爱老的社会氛围：一要宣传敬老爱老。通过各种媒体和渠道，广泛宣传敬老爱老的重要性和意义，让更多的人了解传统的孝道美德，并提倡将孝道融入当代生活中。二要开展敬老模范活动。开展深入持久的敬老模范活动，表彰和赞扬在敬老爱老方面有突出贡献的个人和组织。三要培养“新孝道”观念。除了传统的孝道观念，还应提倡具有义务性、自律性和互益性特点的“新孝道”观念。四要组织社区服务活动。可以组织志愿者团队，为老年人提供日常生活援助、社交陪伴等服务，并帮助解决老年人的需求和问题。

通过以上几项举措，不仅可以形成全社会共同努力的良好氛围，推动敬老爱老观念的传承和弘扬。同时，也能够促进年青一代与老年人之间的相互尊重、支持和共同发展，构建一个更加和谐、友善的社会。

三、树立积极的养老理念

在现代城市，积极引导老年人树立积极的养老理念，可以帮助他们更好地发挥自身的才能和经验，继续为社会做出贡献。老年人拥有丰富的人生经验和专业知识，通过鼓励他们参与志愿活动、社区服务、培训指导等方式，可以使他们的才能得到更好的开发和利用。

1. 尊重城市老人的养老意愿

生活在大都市的老人，他们更愿意居住在家里。因为只有在家里，他们才有安全性和依赖性。同时，他们也期待自己的子女能够为自己提供精神方面的慰藉，这正是老年人追求精神赡养的具体体现。在老龄化背景下，城市老人树立积极的养老观念成为一项重要任务。

2. 加大媒体宣传的力度

按照符号互动理论的理解，人们的自我认识是由自身所处的社会环境，以及与别人交往的生活圈而获得的。比如，如果老年人每天在广播中听到的、电视上看到的内容把他们描述成老朽、无用的社会角色，那么，老年人的自我认知必然也会因此变得消极，甚至会产生“人老不中用”的悲观情绪，严重影响老年人的养老心理。

在现实生活中，由于大多数城市老年人掌握可供交换的资源较少，以致他们在社会中的地位也随之下降。那么，想要让他们切身感受到自己仍被需要，离不开社会为之提供一个发挥余热的平台。只要充分利用社会、社区的有利平台，就能让老人居住在家里，可以继续发挥余热，为社会做出一些贡献。

比如，城市中那些刚退休下来的低龄老人，或是有较高收入且身体健康的老人，完全可以本着自愿的原则，参与各种利于社会发展的公益事业。此外，社区也可以通过建立老年人才资源中心，让那些经验丰富的老年人在缓解人才供需矛盾中发挥个人所长，从而主动地参与城市新型的社会化居家养老模式。

四、建立完善的社区居家养老服务

人到老年，地缘文化的观念就会变得十分浓厚。对他们而言，维系左邻右舍的情感也变得至关重要。因此，只有尽可能地让城市老人生活在熟悉的社区环境中，并不断完善社区的居家养老服务，才是解决城市老龄化问题的有效举措。

1. 服务主体和服务对象的个性化

推进城市居家养老模式，需要社区服务主体向社会化方向发展，注重福利性质，强调社会责任，建立完善的社会养老服务体系。社会化发展、综合服务提供，以及多元化的筹资模式都是实现这一目标的重要举措。通过这些努力，可以推动城市居家养老模式的发展，为老年人提供更好的养老服务，实现社会的共融和可持续发展。

进入老年期后，并不代表老年人进入了人生的尾声。他们仍然需要社会给予关爱和照顾，更需要相应的个性化养老服务。特别是对那些久居高楼的高龄老人和非完全自理的老人来说，由于身体功能的衰退和与子女沟通的时间减少，他们可能会感到孤独和寂寞。在城市人口老龄化的背景下，社区上门提供基本的生活照顾是非常重要的。

2. 服务内容和服务形式的多样化

随着人们生活水平的不断提升，大多数老人不再单纯满足于基本需求，而开始追求更为舒适的晚年生活，对居家养老也提出了更高层次的需求，社区服务也需要进行不断优化，主要体现在以下几方面：

第一，提供即时上门服务。社区可以派遣专业的服务人员为老年人提供即时上门服务。这种服务包括医务人员上门为老人提供医疗服务，比如，送医送药和定期身体健康检查。通过派遣专业人员为老人提供服务，老人在家中就可以得到专业的照顾，享受与养老机构类似的服务。

第二，提供设点集中服务。社区可以设点兴建养老服务中心，提供居家养老服务。这些服务中心可以提供一系列服务，比如，康复护理、文娱活动、社交互动和健康咨询等。通过集中服务的方式，社区可以更好地满足老年人的需求，并提供高质量的养老服务。

第三，提供社区支持网络服务。社区可以通过建设信息网络服务来提供便捷的服务，包括社区呼叫系统、电话求助系统和现代化的沟通方式，比如，电话视频、语音聊天等。这样一来，老年人可以通过简单的操作获取帮助，并享受到与亲友和社区成员的精神支持和慰藉。

为了满足老年人对居家养老的多样化需求，社区需要提供个性化的服务，并不断探索新的服务形式和方式。通过分派专业服务人员、设点集中服务和建设社区支持网络服务，社区能够为老年人提供更全面、方便和舒适的居家养老服务。

3. 服务人员队伍建设的专业化

社区居家养老服务作为一项公益性的社会服务，需要重视群众的参与，而打造城市专业化的社区居家养老服务人员队伍是至关重要的。目前，打造城市专业化的社区居家养老服务人员队伍，主要表现在以下两方面：

第一，通过与大专院校或中等专业技术学校的合作，城市社区可以通过开设相关专业课程培养专职社会工作者，提供具备专业理论、技巧和方法的服务人才。这种合作有助于提升社区居家养老服务的质量和水平，为老年人提供更专业、个性化的养老服务。同时，这种合作也为学生提供了更广阔的就业机会和实践机会，促进了养老服务行业的发展。

第二，社区需要吸纳那些处在第一线的兼职服务人员，包括下岗职工、外来务工者和志愿者。同时，还要采用“时间储蓄制”方式来组建社会服务人员队伍，为他们提供必要的知识与技能培训，以确保老年人能够享受到温馨的晚年服务。这种兼职服务人员队伍的建设不仅为社区提供了更广泛的服务资源，也为他们提供了就业机会和自我发展的平台。

总而言之，通过制定相关规则和管理制度，社区可以确保城市社区居家养老服务的规范发展，提高服务质量，保障老人的权益和福祉。这种规范化的服务模式将为城市居家养老提供有力保障，并促进社区养老服务的持续发展。

第十章　我国老年人的文化生活探究

第一节　老年人的休闲娱乐与体育锻炼

随着人口老龄化问题的日益突出，精神文化需求成为老年人关注的重要方面。虽然许多老年人在物质生活方面得到了满足，但他们对精神文化方面的需求尚未得到足够重视。重视老年人的精神文化需求，不仅能够提升他们的幸福感和生活质量，还能够促进社会的和谐稳定，构建人与社会环境的和谐关系。

于是，人们便将休闲娱乐与体育锻炼作为老年人的重要选择。从当前来看，由于一些经济水平相对落后地区的老年人的受教育程度普遍不高，其精神文化生活也会有空缺。想要填补这一空缺，就需要与社会各界共同努力，不断扩展和优化老年人精神生活、文化生活的“空间”。

老年人的文化生活

老年人是一个异质性很强的群体，按照不同的标准，可以将老年人群体分成不同类型的小群体。不难发现，他们的文化生活会呈现出不同的特点。

2015年，人们按照老年人的性别、年龄、文化程度、健康状况、经济状况等，对老年人的文化生活状况进行了综合分析。

1. 性别

从性别来看，女性老年人与男性老年人有着不同的活动偏好。参加跳舞的女性老年人（7.4%）明显多于男性老年人（1.5%）；参加球类活动的男性老年人（1.8%）明显多于女性老年人（0.7%）。此外，女性在看电视或听广播、读书或看报、看电影或听戏、散步或慢跑、打球、棋牌活动、钓鱼或书画摄影收藏方面的参与比例，均低于男性老年人。而在打太极拳、种花养草、上老年大学等活动方面，性别差异不大。

从总体数据来看，对女性老年人而言，她们更愿意参加一些交流互动性较强的文化活动；对男性老年人而言，男性参与社会文化活动的比率比女性高出很多。由此得出，男性老年人的受教育水平高于女性。

2. 年龄

老年人参加文化活动受年龄影响较大，低龄老年人是各项活动的主要参与群体。随着年龄的增长，老年人各项文化活动的参与率在逐渐下降，只有打太极拳或做保健操活动呈先增后减的趋势。

从当前来看，打太极拳或做保健操活动的参与率从60～64岁的2.6%增加至70～74岁的3.2%后，参与率从75～79岁的2.7%逐年下降至85岁及以上的1.2%。调查结果显示，大部分老年人的健康水平和活动能力随年龄增长而下降，整体参与率逐年降低。随着年龄的增加，老年人的社会文化活动呈现出不同的特点。

随着老年人从工作角色向退休角色转变的适应，他们的动态活动逐渐增多。低龄老年人的文化活动最为丰富，包括读书看报、唱歌跳舞、健身锻炼、外出旅游等。随着年龄的增长，老年人参与文化活动的比例也在降低，活动项目减少，活动范围缩小，以节奏慢、体力要求较小的休闲活动为主。

3. 文化程度

老年人参加文化活动受到文化水平的限制。随着文化程度的提升，老年人各项文化活动的参与率也会逐渐上升。不同文化程度的老年人，对文化活动有着不同的选择。文化程度较低的老年人大多会选择一些易于参加的文化活动，而文化程度较高的老年人则对文化活动的质量和品位有更多、更高的要求。文化活动越复杂，文化程度较低的老年人能参与的就越少。

文化程度差异影响老年人的社会文化活动类型。老年人的文化程度越高，所参与的文化活动的类型越多样，越可能选择参加技术要求较高的文化活动。文化程度较低的，尤其是那些不识字的老年人，他们参与文化活动的类型就较为单调。受教育程度较高的老年人，对精神文化生活也有一定的追求。他们退休后，会有很多人保持着年轻时的兴趣爱好。他们会利用更多的空闲时间，去尝试和发展那些以前无暇完成的兴趣和爱好。

4. 健康状况

老年人参加文化活动的基础是拥有一定的健康条件，老年人参与文化活动的情况与自己的健康状况密切相关。那些健康状况较好的老年人，各项文化活动的参与率肯定都较高。而那些健康较差的老年人，文化活动的参与率则较低。

调查显示，那些各项文化活动都没有参加的老年人中，27.8% 的人自评健康非常差，自评健康非常好的只占 2.9%。由此看来，参与文化活动也与老年人的精神健康密切相关。生活满意度较高的老年人，往往是那些参与各种文化活动较多的老年人。

5. 经济状况

直接影响老年人文化生活的另一重要因素是经济状况。随着老年人自评经济状况等级的下降，老年人参加各项社会文化活动的比例在逐渐下降。而那些各项文化活动都没有参加的老年人比例，从经济状况非常宽裕的 1.8%，上升至经济状况非常困难的23.9%。

可见，经济状况决定着老年人是否能参与需要一定经济条件支持的文化活动，比如，书画、摄影和收藏等，都需要有一定的财力支持，才能购置必要的工具和器材。对于那些经济条件比较宽裕的老年人，他们就会更加关注自己的文化生活，在选择活动项目上也会有灵活性和自主性。比较而言，那些经济条件相对不好的老年人，他们活动的区域通常都靠近自己的居住地，而且是以免费活动为主的。

老年人的休闲娱乐

我们知道，幼童时期，休闲的时间最多；成长到青少年后，休闲时间逐渐减少；等到为人父母后，休闲的时间是最少的；等子女成年后的空巢时期回升，至老年退休时期，休闲时间又会变得充裕。退休后的老年时期，不必继续工作，用在休闲活动上的时间就会大幅增加。因此，与其他成年群体相比，老年人拥有更充裕的休闲时间。

一、老年休闲娱乐的特点

在人生的各个阶段，尤其是结婚以后，一般来说，女性做家务的时间要比男性多。相应地，女性的休闲时间就比较少。等到退休之后，女性老年人承担的家务劳动仍然比男性多。因此，在通常情况下，虽然女性老年人的休闲时间比以前增多了，但还是比男性老年人的休闲时间少。

由于老年人的身体特点，老年人在参与休闲活动之前，对场地和设施的安全性会有较高的要求。从目前来看，有很多地区已经在开展老年宜居环境建设。对于已经建好的场地，要尽可能地对建筑设施进行适老化改造。对于新建场地，在规划设计之初就要把场地的适老性考虑进去。除了要设置无障碍基础设施，在活动场地内外的标识和指引文字上也需要多加注意，所有文字都尽量使用大号字体，而且字体颜色也要鲜明，方便老年人去辨识。

近年来，随着老年人主体意识的不断增强，越来越多的老年人不仅享受和投入文化生活，有的老年人还为社会提供了一系列文化产品和服务，从而实现自我价值。比如，有不少社区老年文艺爱好者还组成了乐队、腰鼓队、龙灯队或舞狮队，在喜庆典礼或殡葬仪式，以及各类庆祝活动上进行演出；有的老年人还专门成立了文化企业的签约艺术团队，专门提供一些有偿的表演服务。

在现实生活中，老年人参加各类休闲活动，除活动本身的吸引力之外，社会交往对老年人来说也是至关重要的。虽然有一些组织或机构，它们能够直接为老年参与者提供一些交流的机会和沟通的平台，并以此来吸引更多的老年人参与其中。但需要注意的是，即使活动十分精彩，若是缺少志趣相近的同伴，老年人或是因缺少凝聚力，抑或是认为没有归属感，从而导致他们产生不愿参与或中途放弃的念头。

二、多样化发展的娱乐方式

据调查，老年人的休闲娱乐主要包括以下四项活动：一是看电视或听广播；二是去影院看电影或去戏院听戏；三是打麻将，或打牌，或下棋等；四是钓鱼，或作书画，或摄影，或收藏等。调查结果显示，大部分老年人（89%）的主要休闲活动是看电视或听广播。一方面是因为电视和广播的普及率较高，另一方面是易于进行，只要老人的视力和听力基本健全就可以。具体来说，适合老年人的娱乐方式主要有：

1. 音乐

感觉身体疲惫无力时，如果放一曲节奏明快的音乐，老年人心中的不悦会得到缓解，可以使老年人得到快乐。如果放一曲高昂激越的音乐，可以使老年人瞬间充满激情，从而产生一种积极向上的力量。

2. 钓鱼

钓鱼是一项非常富有吸引力的户外活动，它不仅是年轻人喜欢的活动，也是老年人的选择。钓鱼会给老年人营造一种轻松平静的氛围，为其提供身心健康之乐。钓鱼能起到镇静、催眠、降压、减轻疲劳的作用，会增添生活的乐趣。

3. 养花

养花不仅可以美化环境，还会带给人们赏心悦目的感觉。此外，鲜花的香气还可以通过人的嗅觉神经传入大脑，让人产生一种沁人心脾的快感。养花的好处有目共睹，不仅仅是花卉外形之美，其内涵也已深入人心。对老年人来说，花卉不仅可以点缀环境，也能点缀自己的精神世界。

4. 书画与气功

书法讲究的是一种意境。老年人在练习书法时，必须排除杂念，做到平心静气、全神贯注。此外，虽然书法、绘画和气功在姿势和身体调控上都存在一些相似之处，但它们仍然是不同的艺术形式，实践上也存在差异。然而，通过将它们结合起来，人们可以在身体、心灵和创造力等层面获得更丰富的体验和改善。这些实践可以加强身体的平衡、提升专注和意识、表达情感和创造力，并促进身心的和谐发展。

5. 跳舞

跳舞，可以增强老年人的心肺功能，达到健身的目的。老年人到底适合跳什么类型的舞蹈呢？有的老年人会选择跳华尔兹，因为这种舞蹈节奏舒缓。当然，对一些身体状况较好的老年人，也可以选择一些节奏欢快的舞蹈，比如，恰恰舞等。

近年来，随着老年群体文化素质的提高，经济能力的增强，以及消费观念的转变，越来越多的老年人根据个人的兴趣和爱好，开展了一系列更具挑战性的文化活动。那么，老年人参加娱乐活动究竟有哪些好处呢？

第一，可以延缓身体衰老。由于身体的日趋衰老，老年人的生活质量及健康状况都会受一些影响，严重者甚至还会出现一些或大或小的疾病。对老年人而言，如果坚持运动锻炼，不仅能够改善老年人的身体机能，也可以延缓衰老的速度。

第二，可以维护心理健康。在集体运动中，老年人不仅追求积极向上的荣誉感，也向往人与人之间相互交往的亲和感、安全感。通过适当的娱乐活动和集体运动，可以培养老年人积极向上的荣誉感，并体验到亲和感和安全感。

第三，可以提高社会适应能力。通过积极参与各种娱乐活动，老年人可以与志同道合的人建立联系，扩大社交圈子，并享受与他人互动的乐趣。这些娱乐活动提供了一个共同的兴趣和话题，促进社交互动和人际关系的发展。同时，也让老年人的生活方式有了很大的改观。

三、老年人的网络生活

现在，不管是年轻人还是老年人，都离不开网络，网络无疑已经融入了生活的方方面面。作为老年人，更不应该抵触网络，而应该享受网络带给他们的快捷与方便。丰富的电视直播、戏曲直播、老年教育养生等特色内容，不仅可以打发老年人的时间，也可以满足老年人的精神文化需求。

据统计，我国连续两年手机网民比例都超过了 99%，基本达到了全民手机上网。通过数据发现，大多数老年人都是在早晨 5 点到 7 点开始手机冲浪。到上午 9 点，老年人涌入 APP 的数量达到高峰，之后就会逐渐回落。很显然，手机已经成为老年人日常生活中主要的资讯来源和娱乐工具。

报告还指出，目前全国超过 10 万名老年人在手机网络上呈现出一种孤独的生活状态。所以，他们几乎整天都生活在移动网络上。这也是在提醒我们，在积极帮助老年人融入互联网生活的同时，也要引导老年人避免过度沉迷网络。由于老年人空闲时间较多，生活比较单一，加上缺乏对信息的分辨能力，沉迷网络的后果将会比年轻人更加严重。

与此同时，政府和社会也应该为网民打造更加健康的网络环境，为老年人提供健康的内容。比如，在 APP 上推出广场舞大赛、线上课程等。与此同时，老年人也要增强自控能力，合理安排网络使用时间。同时，老年人自己也应该控制上网的时间。那么，到底应该如何有效预防网瘾呢？

第一，要建立健康的生活方式，保持良好的心态。由于老年人休闲娱乐的时间很多，如果将这些时间都用来上网，很显然是不合理的，对身体有害无利。为了让自己拥有一个健康的身体，老年人应该多参加一些社交活动，增加自己的社交圈子，多与家人、朋友交流，保持心情愉悦。

第二，要做好时间管理。对老年人而言，每天除了一日三餐与家务工作，其他时间都应该是十分宽裕的。应该合理安排自己的时间，要为自己制定一个时间作息表，这样才能充实自己，不要把太多的时间花在上网上。

第三，要学会正确地使用互联网。老年人应该学会如何使用互联网，了解网络的优缺点，避免沉迷于网络。老年人沉迷于网络的原因有很多，比如，孤独感、社交需求、好奇心、寻求信息等，但也要正确地使用互联网。

第四，需要子女的陪伴。子女们应该多抽时间陪伴自己的父母，时刻关注他们的生活状态，及时发现问题并帮助他们解决。只要有子女们的陪伴，老年人就会觉得自己有事可做，不会将所有的时间都用在看网络视频上。

综上所述，随着社会的变迁和科技的发展，老年人的生活方式和社交方式在发生改变，老年人的文化素养和参与意识也在提升。随之，就会不可避免地出现一个问题——过于沉迷网络，这成为一个值得高度关注的问题。作为子女或社会人士，都要第一时间从多个角度出发，理解老年人沉迷网络的原因，并采取相应的措施，帮助老年人更好地利用网络，同时也保护他们的身心健康和财产安全，从而使他们更好地融入信息时代的社会生活。

老年人的体育锻炼

21 世纪，全民健身愈演愈烈，老年人的健身队伍一直在不断地壮大。于是，体育锻炼成为老年人日常生活的必要部分。我国自古以来就有养生锻炼的传统，随着积极老龄化观念成为社会共识，体育健身活动作为促进老年人身心健康、防治慢性疾病的重要手段更加深入人心。

现代社会的体育锻炼主要包括竞技运动和身体锻炼两大部分。参与竞技运动者，一般需要接受一定的专业训练，参与者大多数都是那些职业运动员或能够较好掌握某项运动技能的体育爱好者。身体锻炼则是每个人都可以参加的，没有人群限制。而老年体育一般是指老年人的身体锻炼，通过一定的训练达到强身健体的目的。

一、老年体育的参与状况

健康是老年人最为关注的一个问题。老年人之所以要进行体育活动，其主要目的就是增强体质、延年益寿。相关数据显示，目前我国有近 1.8 亿老年人患有慢性病，而适当的运动可以延缓衰老，防治和改善老年人群的慢性疾病，促进身体健康。

在全民健身上升为国家战略的大背景下，老年人已经成为健身的主力军。于是，发展老年体育就是构建国民健康基础、缓解医疗支出压力的一项重要措施。开展老年体育活动，不仅可以提高群体的健康水平，还可以有效抑制医疗支出规模的攀升，大大缓解国家社会保障的压力。

从国外经验来看，体育在健康老龄化中体现出了独特的价值和作用。可以看出，在我国老龄事业发展中，党和政府对体育事业做出了积极的肯定与支持。随着经济社会的发展，我国的老年体育事业取得了前所未有的进步，其中也出现了体育和社会公益相结合的发展趋势。具体来说，适合老年人的体育锻炼方式有以下几种：

1. 健走

健走作为一项有氧运动，可以有效锻炼心肌，增强老年人的心脏供血功能，预防心血管系统疾病的发生。此外，健走能增加肠胃蠕动的频率和幅度，达到外柔肢体、内和气血的目的，有利于消化吸收，促进大小便排泄，从而改善便秘。老年人可以先慢走 5 分钟，然后再做一些准备活动，这样可以很好地预防受伤。

2. 拉伸运动

拉伸运动是一种放松性的拉伸，非常适宜于老年人。由于它是一种缓慢的有氧运动，所以它不仅可以疏通经络，还可以起到降低神经和肌肉兴奋性的作用。对老年人而言，可以根据自己的身体状况做拉伸运动。一般的主动拉伸姿势保持 10 秒钟即可，不需要拉伸太长时间，以免身体受伤。

3. 游泳

游泳是一项适宜于中老年人的健身运动，对一个人的身心健康都有益处。需要强调的是，游泳也会限制一些人群。所以，在游泳之前应做一次全身检查。如果患有严重心肺疾病和传染病，则不宜游泳。在身体健康的前提下，游泳也要做好安全措施。坚持适度的游泳锻炼，不仅可以增强心肺功能，还可以减少腹部脂肪。

4. 登山

登山不仅能够增加我们的肺通气量和肺活量，也能有效地促进血液循环。不过，老年人登山切忌运动量过大。对于年老体弱者，不可一味强调这种保健效果。登高速度要缓慢，一旦发现身体不适，要马上停止运动。老年人登山要掌握正确的行进方法。上山时身体重心要前移，步幅放小。下山时上体要直立或稍后仰。使用登山杖进行健身，可有效保护膝关节。

5. 太极拳

太极拳不仅有不同的派系，还有很多招式。比如，二十四式简易太极拳，这是简单好学的一种，但各派的打法也不一样。当然，还有四十四式、八十八式等。太极拳不仅重视身法，还强调开合虚实，以心行气，以气运身。其动作简洁紧凑，舒缓平稳，力求意、气、形三者合一，是一项非常适合老年人的体育锻炼项目。

需要引起注意的是，老年人参与体育健身活动具有一定的风险性。为了保障老年人的活动效果和运动安全，应制定老年人体育活动指南，指导老年人科学性健身。从当前来看，老年人户外活动场所的使用率较高，室内活动场所的使用还需要积极开发。

此外，专业体育健身场馆建设需要政府大力支持，在城市规划、振兴乡村计划中，要加大财政投入的力度，探索基层室内公共体育场馆建设新模式，进一步增加基层室内公共体育场馆的供给。可见，活动场所对老年人参与体育健身活动发挥着至关重要的作用。

二、综合性的文体活动

老年人参加体育锻炼的初衷是强身健体、延缓衰老。在此基础上，老年人更倾向于选择娱乐性和社交性较强的活动。娱乐性较强的活动使老年人感到轻松愉快，而社交性较强的活动为老年人扩大社会交往提供了机会。通过文化活动结识新朋友，扩大社会交往，是很多老年人参加各类社会文化活动的主要动机。因此，兼具以上特点的综合性文化体育活动更受到老年人的欢迎。

广场舞符合老年人对于体育活动的需求，是综合性文化体育活动的代表，是一种以健身为目的的体育舞蹈。通常情况下，广场舞是群众自发组织和参与、集健身和娱乐于一体的集体性活动。概括来说，广场舞有以下三个显著的特点：

第一，广场舞易于开展和坚持。对组织者来说，广场舞对场地的要求不高，所需设备也十分简单，只需要一个播音器就可以进行。对广大参与者来说，广场舞的动作简单易学，对体能的要求也不高。对大部分老年人来说，他们都能很快掌握广场舞的要领，从而对其产生兴趣和自信。

第二，广场舞兼具健身性和审美性。广场舞既能达到锻炼身体的目的，也具有一定的审美性，可以在一定程度上满足老年人特别是女性老年人提升身材和气质的需要。

第三，广场舞是社会交往的平台。广场舞是一项群众集体活动，可以吸引更多的人参与进去，从而形成一个松散的集体，给老年人创造彼此间交往的机会，从而获得积极的自我评价。特别是对于那些空巢和独居的老年人，参与广场舞是一个结交朋友、扩大交往的好机会。

2017 年，在天津市举办的第十三届全国运动会中，便增设了群众比赛项目，广场舞也成为其中一个比赛项目。中华人民共和国全国运动会（简称“全运会”）是中国国内水平最高、规模最大的综合性运动会。一直以来，全运会都是中国专业运动员比赛的舞台。然而，随着国家体育改革的不断深入，对体育的价值和功能的认识逐渐改变，“全民全运”便成为推进体育改革创新的重大举措。

在“我要上全运”全民健身系列活动的背景下，广场舞被正式确认为全运会的比赛项目。这就代表着官方对广场舞的肯定，显示出体育管理部门对广场舞的认可与鼓励。近年来，社会也在助力打造新的广场舞生态，主要有两方面的原因：一是广场舞本身的进化，经过专业人员科学设计和创编的广场舞不断推出，类别更加丰富，比如，健身操、交谊舞、曳步舞、民族舞、古典形体操等多种舞种。二是广场舞的参与群体扩大，参与者中不仅有大爷大妈，还有其他各个年龄层的爱好者。

当然，除了参加跳舞锻炼、打麻将、玩短视频等休闲娱乐活动，有一些老年人还上网学习，充实了自我，也拓宽了视野。不仅如此，更多的老年人还学会了网上购物、网上买菜、网上约车等技能，使自己的生活和出行更加方便、快捷。

第二节 老年人的文化旅游与教育发展

当前，老年人的文化旅游是文旅市场中需要特别关注的一个话题。在文化旅游活动中，老年人也需要逐步提升自身的文明素质，这是一个涉及面比较广且关键的问题。此外，老年人的教育发展也是至关重要的。这就需要老年人尽量做到“两手抓”：一手抓文化旅游，一手抓教育发展。

老年人的文化旅游

随着社会的发展、医疗技术的进步和生活水平的提高，人们的平均寿命不断延长，导致老年人口数量不断增加，老年人口在整个人口结构中的比重不断增加，这对社会、经济和政策方面提出了诸多挑战。

在旅游领域，老年人的旅游消费也随着老年人口的增加而增长。如果假设旅游意愿和人均消费额保持不变，老年人口的旅游消费总额预计将达到2.4万亿元。在应对老年人口增长的挑战上，重要的是继续关注老年人的健康、生活质量和精神需求，提供更广泛的社会支持和服务。这需要政府、社会组织、家庭和个人的共同努力，以建设一个充满尊严、充实和幸福的老年生活环境，为老年人提供更加健康、有意义的晚年生活。

一、老年人的旅游状况

现阶段，我国文旅行业适老化建设相对薄弱。相关数据显示，2000年，只有25%的老年人经常出去旅游。其中，城镇老年人经常旅游的占7.9%，农村老年人只占了0.9%。到了2009年，老年人旅游的比例占了22.5%。老年人的文化旅游又称为夕阳红旅行。2015年，人们按照老年人的性别、年龄、经济状况、健康状况、文化程度等，对老年人的旅游状况进行了分析。

1. 性别

从整体来看，女性老年人未来一年有明确外出旅游计划的占11.8%，男性老年人占14.6%。无论是在城镇还是农村地区，有出游计划的男性老年人比例均高于女性。这些数据表明，在老年人的出游计划中存在性别和地区之间的差异。重视老年人的旅行需求，并提供相应的支持和机会，可以帮助促进老年人的生活质量和增进福祉，以满足他们的社交和娱乐需求。

2. 年龄

数据显示，在受访群体中，有54%的新老年人表示自己目前的生活状态不需要被照顾，46%的新老年人表示自己需要照顾。对社会和政策制定者来说，这个数据提供了有关新老年人群体需求的一些信息。为了满足不同老年人的需求，需要制定有针对性的政策和措施，提供合适的照顾服务和支持，以确保他们的身心健康和幸福感。随着老年人年龄的增高，未来一年有明确外出旅游计划的比例在逐渐降低，从60 ~ 64岁的17.2%降低到85岁及以上的2.8%。

3. 经济状况

旅游是一项消费性的文化活动，需要有一定的经济基础来支撑。经济自评越好的老年人，有明确外出旅游计划的比例就会越高。在城镇老年人中，自评经济非常宽裕的老年人中38.1%有出游计划，这一比例在自评经济非常困难的老年人中仅为4.0%，相差悬殊。在农村老年人中，自评经济非常宽裕的老年人中25.2%的人有出游计划，这在自评经济非常困难的老年人中占比仅为3.9%。

4. 健康状况

调查结果显示，对于那些自评健康状况越好的老年人，其未来一年有明确外出旅游计划的比例越高。反之，那些自评健康状况越差的老年人，其未来一年有明确外出旅游计划的比例就会越低，会从自评健康非常好的 22.6% 下降至自评健康非常差的 3.6%。

5. 文化程度

从文化程度的角度看，未来一年有明确外出旅游计划的比例随着老年人文化程度的增高而升高。在城镇老年人中，从未上过学的 5.7% 上升至本科及以上的 44.4%。在农村老年人中，从未上过学的 5.4% 上升至高中的 14.2%，以及本科及以上的 13.5%。文化程度与老年人的就业有关，决定了其社会经济地位。

二、开启老年旅游的新潮流

随着经济的发展和社会的进步，老年人的休闲方式愈加丰富多彩。于是，旅游便成为老年人文化生活的新潮流之一。从旅游项目来看，可谓是多种多样，而适合老年人的文化旅游项目主要有以下五种：

1. 节日活动

在老年人的旅游项目中，节日活动对老年人来说是绝佳的。如果在闲暇之余，组团参加各地的传统民俗节庆，会让老年人领略到不一样的民俗风情。不仅可以增强老年人的文化认同感受，也可以让老年人放松心情，减轻精神方面的负担。

2. 自然生态游

其实，每个人都十分向往自然生态旅游。因为这类旅游可以让游客领略到大自然的奇妙秘境，可以在神秘的自然界中放飞心灵，感受大自然带给自己的慰藉，也可以提高对环境保护、保护名胜古迹的重视程度，同时也在无形中培养了老年人强烈的社会责任感。

3. 生态环境游

对老年人而言，可以去一些园林式的旅游景区。游览这类景区，可以让老年人在绿化环境中休闲度假，并充分体验到园林的和谐美景。如此一来，不仅能够有效减少压力，也能够让老年人放下心中的顾虑，彻底放松心情。

4. 老年人养生之旅

老年人养生之旅可以让老年人体验到本地的自然环境资源，在环境舒适、养生风水优越的景区中，既可以进行养生休闲，还可以享受到本地文化娱乐活动，陶冶情操、调节身心的同时，还可以得到更多的文化营养。

5. 欣赏文化山水

文化旅游主要是让老年人了解本地的历史文化情况，可以游览古建筑、古迹遗址、书院庙宇等，还有专门的讲解员为老年人讲解，有助于老年人更好地了解历史文化、提高文化素养。

总之，老年人的旅游项目多种多样，可以根据老年人的特点和兴趣进行随意搭配，给老年人带来更多的乐趣，有利于老年人身心健康，提升老年人的文化素养。多项行业调查显示，50 岁及以上的中老年群体，正在成为我国旅游业的主要消费者。于是，人们对 50 岁及以上中老年人的旅游消费行为进行了系统的分析，从中可以看出：

第一，就业方面，57% 的中老年旅游者已退休，12% 的中老年旅游者处于半退休状态，这意味着他们可能仍然从事一些工作活动，但有更多的自由时间进行旅游。第二，收入方面，月收入在 5000 元以上的中老年人中，旅游者占比 57.8%。其中，月收入超过 7000 元的高收入者占比 31.3%，表明一部分中老年旅游者属于高收入群体。第三，区域方面，发达地区占绝对优势。第四，出游时间方面，中老年人的出游时间在春季的 3 月、4 月、5 月和秋季的 9 月、10 月，此外，超过 80% 的受访者表示他们可以随时出游，这说明中老年人旅游活动的时间灵活性较高。第五，路线选择方面，中老年人偏爱出游天数超过三天的长线游，这表明他们更喜欢选择较长的旅行路线，享受时间相对较长的旅行。

近年来，旅居养老、候鸟式养老逐渐兴起，在一定程度上拓展了老年旅游的方式。旅游是集吃、住、行、游、购物、娱乐等要素于一体的综合性行业，老年旅游产业的发展将会带动旅游产业集群的整体发展。想要进一步发展老年旅游产业，就要根据老年人群的三个特点来考虑：其一，价格。收费合理，相对实惠，符合大部分老年人的收入水平和心理预期。其二，安全。避免老年人发生危险，安排老年人来一次舒适和缓的行程。其三，服务。有相对较高水平的服务内容，比如，随行医生等。

随着老年人物质生活水平的逐步提高，老年人对文化生活的要求不断提高，旅游受到越来越多老年人的青睐。尤其是那些健康状况良好的老年人，越来越多选择旅游活动。自驾游成为很多活跃老年人的新宠。为了适应人口老龄化的发展，以及人均预期寿命延长的现状，2020 年 10 月公安部正式宣布：自 2020 年 11 月 20 日起，取消申请小型汽车、小型自动挡汽车、轻便摩托车驾驶证 70 周岁的年龄上限。

这一新政意味着，从 2020 年 11 月 20 日起，考驾照没有了年龄方面的限制。然而，需要注意的是，在取消年龄上限后，仍然需要老年人自行评估自身的身体状态和驾驶能力，确保他们具备适宜的健康状况和驾驶技能来应对道路安全风险。一些老年人可能面临健康问题或者身体功能退化，需要谨慎、合理地评估自己是否适合继续驾驶。此外，有效的交通安全宣传和教育也是至关重要的，旨在增强老年驾驶者的安全意识，提升其安全驾驶技巧。

然而，对任何人而言，出游安全都是第一位的，老年人更是如此。老年人在出游之前，一定要做好充分的安全准备。尤其是那些有慢性病的老年人更要引起足够的重视。他们在出游之前，最好进行一次必要的身体检查，在征得医生同意后方可出行，并带齐自己的必备药品。

值得注意的是，这类老年群体在出游的过程中，还要根据自己的身体情况选择适宜的活动，千万不要追求高难度，更不要急于求成。应合理安排活动时间，随天气变化适时进行调整。此外，老年人还要避开各种安全隐患，为自己选择一个安全的活动场所。

老年人的教育发展

面对社会人口的老龄化，党和政府十分重视老年人的教育工作。在党的十六大报告中强调了全民学习和终身学习的重要性。这就意味着老年人也要继续实现全面发展的目标。老年大学就是实现这一目标的重要手段，它为老年人提供了一个机会，继续学习、成长和参与社会。它不仅有助于满足老年人对知识和兴趣的需求，也为社会创造了一个包容、关怀和支持老年人学习和发展的环境。

一、我国老年教育的发展历程

20 世纪 80 年代初期，老年大学在中国许多地方兴起。这一时期，我国老年大学的学员主要是一些离退休老干部，课程内容通常以书法绘画和保健养生知识为主。老年大学的课程成为离退休干部生活的重要组成部分，为他们提供文化教育服务，帮助他们丰富退休生活、充实精神。

1996 年，《中华人民共和国老年人权益保障法》颁布后，老年教育对象逐渐由原来的特殊群体转向全体老年人。此后，历次老龄事业发展规划都强调老年教育的重要性，并将其作为文化教育事业的一部分进行规划管理。

在过去，老年教育主要注重提供特殊福利性教育服务，主要面向老年人群体中需要特殊照顾的人员，比如，农村留守老人、残障老人等。这些教育服务都是为了满足老年人的基本学习需求和提供一定的社会关怀。

随着我国社会的发展、老年人口数量的增加，以及老年人对教育的需求不断增加，老年教育开始向大众普惠性转变。这种转变不仅为我国老年教育的发展奠定了新基础，也标志着我国老年教育进入了一个新的起点。

经过近 40 年的发展，我国的老年教育发生了天翻地覆的变化。如今，老年教育已经成为我国文化教育事业的重要组成部分，并且在终身教育体系中具备重要地位。纵观我国老年教育的发展历程，最初的老年教育主要是针对老干部群体，提供文化学习和养老娱乐活动。随着老年人口规模不断增加，老年教育逐渐向更广泛的老年群体开放，并逐步涵盖了更多的学科内容和教育形式。因此，老年教育也是不容忽视的。

二、老年大学的参与状况

由于老年大学对社会的开放程度不够，目前我国老年人上老年大学的比例仍然很低。数据显示，2015 年，老年人参与老年大学的比例为 1.9%。具体到城镇和农村地区，城镇老年人的参与率为 2.9%，而农村老年人的参与率仅为 0.9%。人们按照老年人的性别、年龄、经济状况、健康状况、文化程度等，对老年人的教育状况进行了分析。

1. 性别

从城乡来看，性别差异就呈现出了不同的特点。在城镇地区，女性老年人（3.1%）上老年大学的比例高于男性（2.8%）；在农村地区，男性老年人的参与率（1.2%）则高于女性（0.6%）。这就说明，城乡不同性别的老年人在文化水平、休闲时间、资源获取等方面也存在着一定的差异。

2. 年龄

伴随着年龄的增长，老年人参加老年大学的比例呈现出先增后减的趋势。在 60 ~ 64 岁的年龄段，参加老年大学的老年人比例为 1.9%。这可能是由于在这个相对较年轻的年龄段，老年人身体状况较好，更有能力和兴趣参与学习和活动。在65 ~ 69岁的年龄段，参加老年大学的老年人比例略有增加，达到2.3%。这可能反映出部分退休人员在退休后寻求学习和社交的意愿增加。在85岁及以上的老年人中，仅有1.0%参加老年大学。可见，年龄越大，老年人的社会参与度也越来越低。

3. 经济状况

对经济状况好的老年人而言，他们更愿意走进老年大学。因此，进入老年大学的比例也偏高。随着自评经济等级的下降，老年人参加老年大学的比例也在逐渐下降。从自评经济非常宽裕的老年人，到自评经济比较宽裕、基本够用、比较困难、非常困难的老年人，参加老年大学的比例依次递减，分别为4.9%、3.9%、1.9%、0.8%和0.5%。随着老年人经济状况的不断改善，老年人继续学习的兴趣也将会被激发出来。

4. 健康状况

健康水平是参加老年大学的直接影响因素。自评健康非常好的老年人参与老年大学的比例为3.2%，自评健康非常差的老年人参与老年大学的比例仅为0.6%。这表明健康水平是老年人参加老年大学的直接影响因素之一。这一发现不仅强调了提升老年人整体健康水平的重要性，同时也提醒我们在老年教育中要考虑到老年人身体状况的差异和特殊需求。通过提供适合不同健康水平老年人的学习方式、内容和支持，可以鼓励更多的老年人参与老年大学的学习活动中，促进他们的全面发展和积极应对老龄化。

5. 文化程度

随着老年人的文化程度提高，参加老年大学的比例也逐渐增加，从没有上过小学的0.6%上升至本科及以上的11.0%。这就反映了老年人对继续学习和深化知识的渴望，以及他们对自我提升和精神充实的追求。

很显然，文化程度较高的老年人更有机会和能力获取老年教育资源。良好的早期教育，为老年期的继续学习和教育奠定了一定的文化基础。文化程度较高的老年人，其社会经济地位也越高，参加老年大学的机会也就越大。

三、终身学习的生活方式

随着老龄化不断加深，终身学习的生活方式得到了老年人的广泛认同。“学习是最好的养老方式”被提出[①]，并被越来越多的老年人所实践和信赖。老年人对知识的追求不该随着年龄的增长而有所减弱。

老年人是学习的主体，除政府和社会举办的老年教育之外，老年人自主学习和办学也是非正式老年教育的重要组成部分。数据显示，老年人自主学习呈现出了显著的城乡差异和性别差异。以读书看报为例，城镇老年人自主学习的比例（32.0%）高于农村老年人（9.0%）；无论城镇还是农村，女性都远远低于男性。从很大程度上说，这是女性老年人受教育水平较低造成的。

从目前来看，读书看报是老年人自主学习的最主要方式。无论是年轻人还是老年人，都应该将读书当作一种良好的习惯，毕竟读书对所有人都是有益处的。对老年人来说，读书是文化生活最重要的方式之一。

不难发现，近年来，在各地的图书馆内，老年读者的人数在逐年增加。对那些热爱读书的老年人来说，图书馆已经成为他们度过闲暇时光的理想场所。各地政府也越来越重视人们的读书问题，开始定期开展全民读书活动，而老年人便是积极的参与者之一。在未来的日子里，政府和相关部门会更加重视老年人的学习需求，从而为老年人创造更好的学习条件和环境。

---

① 中国老龄协会副会长吴玉韶在 2016 年 12 月 2 日举办的第九届健康中国论坛上提出：学习是最好的养老方式，加强老年教育非常有必要，发展老年教育是实现从养老到享老的必然要求。

第三节　老年人的心理健康与文化生活

概括来说，老年人的文化生活，其实是关于老年人及老龄问题的文化。主要包括老年人生活中方方面面的含有文化意义的个人活动和团体活动。正是老年人群体内不同的身体健康状况、心理状态，以及不同的社会阶层特质，使得老年人参与的文化活动呈现出不同的特点。

老年期的心理与心理变化

从横向来看，老年人能够拥有真正的健康与快乐，源自一整套生活方式的滋养。其中，文化生活更能体现出生活的丰富多彩。从纵向来看，只有在老年期，人们才能够真正静下来享受生活。可见，生活方式的选择至关重要。或者说，在这一时期，老年人所参与的文化活动代表着老年期的个人心理特征和自我认知，这两者是息息相关、密不可分的。

一、老化的概念

何谓“老化”？虽然这是个司空见惯的现象，却没有人能给出一个令人满意的答案。长期以来，科学家一直在研究探索老化的问题，并从不同角度给出了关于“老化”的理论解释。种种研究表明，尽管老化是不可避免的，但这一现象却是可以延迟的。只要延迟了老化，就可以延长人们的寿命。

对人类而言，老化速度的不同取决于两方面：一是由遗传因素所决定的，二是受营养、生活方式、自我心理感知和环境的影响。一般来说，老化通常是指生物体随着时间的推移而逐渐失去其功能和结构，是与年龄相关的身体机能逐渐下降的过程。

不过，个体与个体之间、群体和群体之间的老化速度也有着较大的差距。进入老年期后，有的人依然身体健壮、耳聪目明、精力充沛、行动灵活、思维敏捷；但是有的人却会出现“未老先衰”的现象，这就是个体差异的主要表现。可以说，衰老是各种内外因素共同作用的结果，主要表现在身体和心理两方面。

二、生理的老化

随着年龄的增长，人们躯体的外在表现逐渐出现一些变化：皮肤出现皱纹、干涩、角化和弹性降低，头发变得灰白和稀疏，出现龋齿、掉牙，听力和视力减退，身体变矮，姿势改变，耳朵变长，鼻子变宽，脂肪增多，反应迟钝，行动迟缓等。[①]然而，这些老化的表现并非均衡发展的。就个体而言，不同的人老化的表现是不同的，有的人视力老化明显，有的人听力老化明显，有的人则其他方面老化明显。

一般情况下，躯体脏器功能的老化与躯体的外在老化是同步的，但个体差异也很大。神经系统、循环系统、呼吸系统、消化系统、泌尿系统及内分泌系统等系统功能的减退都会有相应的表现，而且反映了该系统的老化程度。由于人体各个系统的老化，机体代谢也会受到一些影响，比如，对药物的吸收、分布和排泄都会随之发生改变。

此外，另外一个重要的变化是不可再生细胞的丢失，最明显的是骨骼肌组织、心脏和脑细胞的丢失。研究发现，人体各器官的衰老从十几岁就开始了，在所有的重要器官中，最先衰老的是脑和肺，较晚衰老的是肝脏。在衰老的大趋势中，每个人、每个身体器官老化的速度和程度都是不一样的。可以说，人活的时间越长，个体之间的差异就越大。因而，个人应对衰老的策略和方式也会有所不同。我们判断一个人衰老的程度，多是基于相貌、动作思维的敏捷程度等直观表现。殊不知，血液是人体至关重要的内在功能组

① 辜筠芳 . 老年心理学导读 [M]. 杭州：浙江工商大学出版社，2018：26.

织。在临床上，经常将血液指标作为判断疾病发生发展的主要依据。

三、心理的老化

对人类而言，到了一定的年龄，不仅生理方面会有明显的老化，心理方面也会出现老化现象。精神心理的物质基础是大脑，大脑的老化和神经系统的老化，会导致个体的精神心理状态显现出老化的表现。大脑的衰老，就是老年人心理的老化，比如，记忆力下降、性格改变、情感障碍。

1. 感知觉减退

在各种心理活动中，老年人的感知觉变化最为明显。感知觉分为视知觉、听知觉、嗅知觉、味知觉和肤知觉五种，相应的器官分别是眼睛、耳朵、鼻子、舌头和皮肤。不难发现，老年人的眼球内部结构发生变化，眼睛就会变得十分浑浊。

一般来说，视力减退较早的患者出现其他感知觉减退的概率也会较大。听力减退和视敏度降低是衰老后的常见现象，也是对老年人生活影响比较大的两方面，因为人接收的信息有 80% 以上是通过视觉获得的。[①] 另外，老年人的味觉也有不同程度的减退。生理和心理学家发现，老年人感觉系统发生退行性变化后，除需要略强的相应刺激之外，往往还需要更长的感知时间。

2. 运动迟缓

由于老年人感知觉功能的减退，对外界各种刺激往往表现为反应迟缓、动作缓慢。因此，当客观要求老年人的运动速度过快或过于准确，违背了老年人特有的活动规律时，老年人就会出现过度紧张的状态，甚至出现焦虑烦躁及抵触情绪。

---

① 高焕民，李丽梅．老年心理学 [M].2 版．北京：科学技术文献出版社，2019：299.

2020 年，世界卫生组织（WHO）发布了新的运动和久坐行为指南，为不同人群提供了针对性的运动建议，包括各个年龄段人群、孕妇和产后女性、慢性病人群和残疾人群。这一指南旨在促进人们的身体健康，指导人们预防疾病，并提供有关减少久坐行为的建议。

3. 智力减退

大多数人认为，人衰老之后脑子就会变糊涂，这是老年人的一种正常现象。事实上，这是一种不正确的看法，会让老年人产生消极、悲观情绪。现实中也有不少老年人，他们的智力并没有发生明显的减退。因为智力包含多种成分，它是一种认知的过程，不会简单地随着年龄的增长而呈现出线性变化。

如果老年人有明显的智力减退现象，则往往与老年疾病，特别是脑部病变有关。比如，老年期失智、中枢神经系统疾病等。除疾病的原因之外，智力的高低与文化教育、职业、生活经历、家庭和社会地位等均有密切的关系。人的一生中，个体的智力不仅可以得到不断发展和提高，还可以采取多种措施来预防智力的衰退。因此，一个人的智力和年龄并没有必然联系。

4. 记忆力减退

老年人老化最显著的变化是记忆力减退。老年人记忆的特点是近事记忆减退，远事记忆保持。但是，当近事记忆减退严重时，也会慢慢影响到远事记忆。在严重的情况下，这类老年人还会出现遗忘症或丧失记忆。[①] 此外，老年人的记忆特点还包括机械记忆能力下降，速记、强记困难等。

在衰老的过程中，伴随着老年人的精力减退，耗费精力多的心理活动也会受到影响，而耗费精力少的心理活动改变较少。注意力分配不足也是老人精力不足的表现，这会对记忆产生一定的影响。

---

① 张志杰，王铭维 . 老年心理学 [M]. 重庆：西南师范大学出版社，2019：60.

5. 情绪改变

情绪是一种心理体验，每个人都有喜、怒、哀、乐等情绪。同时，情绪还关系到一个人的身心健康，而且所有的心理活动又都是在一定的情绪基础上进行的。因此，情绪是身体和心理联系的纽带。老年人在情绪情感体验的强度、持久性和深刻性方面均带有老年期特有的表现。

除此之外，老年人还容易产生一些消极的情绪，比如，孤独感、抑郁感、被冷落感等各种负性情绪体验，这在老年人群中是普遍存在的。老年人还面临着更多的“丧失”体验，比如，退休、生活环境改变、同辈人的去世、丧偶等重大应激事件，都会在一定程度上激发老年人产生超出平时承受能力的情绪感受。这时，就需要子女们及时疏解和引导老年人，让他们在机体、社会、心理方面保持良好的状态，从而充分体验并感悟生命的真谛。

老年人的心理健康与文化生活

古人说：“人生七十古来稀。”如今，70 多岁的人越来越多，我国显然已经步入了长寿的时代。因此，我们要对漫长的老年期做好物质方面和心理方面的准备。物质方面，我们要做好尽可能周全的准备，这是安全度过老年期的基础和前提；心理方面，我们也要做好对老年期的意识方面和知识方面的储备。

一、老年期的心理准备

虽然中国养老金制度已经实行了制度性全覆盖，但是有些老年人的退休金还比较低，不足以支撑完全不工作的生活，尤其是农村的老年人，或者那些贫困的女性老年人，会一直工作到无法劳动。对他们来说，退休生活就是原来生活的另一种延续。

1. 适应退休生活

当一个人步入老年期后，对那些有工作的老年人来说，他们首先要面对的是生活的一个重大变动——退休。所谓退休，就意味着放弃某些作为同一性和自尊重要成分的角色。所以，一部分老年人会将退休看作是一个充满压力的过程。

据统计，有大约 30% 的退休老年人适应不了退休后的生活方式，主要表现出强烈的情绪波动，甚至出现躯体不适，特别是那些刚退休的老年人，在心理上还难以接受退休这一现实状况。一般来说，退休前有较高的社会地位的人，退休后更容易出现不适应的情况，产生心理失调的概率也更高一些。当然，大部分老年人对退休是有心理准备的，他们对退休生活早已有详细的规划和应对措施。退休后，他们很快就能寻找到新的“个人支撑点”，所以不会出现失落、空虚、压抑等情绪，更不会出现心理方面的不适。

2. 学习面对死亡

进入老年期后，老年人除了要适应退休生活，还需要做好另外一个心理准备：学习面对死亡。在我国，老年人对待死亡的态度主要有以下三种类型①：

第一，接受型。持有这种态度的老年人，不仅能够清醒地意识到死亡已经迫近，还能够现实、理智地面对死亡。这些老年人大多文化程度较高，心理成熟程度也较高，有着良好的适应能力，对待死亡也早就有所准备。

第二，恐惧型。有相当一部分数量的老年人对死亡的态度恐惧。他们害怕死亡，于是从内心深处是不接受死亡的。他们认为，死亡是一种痛苦、悲伤的、可怕的事情。抱有这种态度的老年人大多文化程度不高，他们的心理成熟程度较低。

---

① 于恩彦．实用老年精神医学 [M]. 杭州：浙江大学出版社，2013：65.

第三，解脱型。现实中有一些老年人，由于他们的生存环境并不理想，或者说十分糟糕。比如，有的是长期被病魔折磨而不堪忍受；有的是年事已高，失去了自理能力，老人和家庭都深受拖累；有的是生活穷困潦倒，失去了最基本的生存保障；有的是遭受过奇耻大辱，导致无颜继续面对人生。这类老年群体把死亡看作是一种解脱，他们在面对死亡时就会表现得比较平静。

不难看出，对待死亡的不同态度，影响了相当一部分老年人面对死亡时的心理状况。轻者会变得郁郁寡欢，重者会变得悲观厌世，甚至还有可能出现轻生自杀等现象。分析发现，在老年人的 60 ~ 69 岁、70 ~ 79 岁和 80 岁及以上这三个年龄阶段中，70 ~ 79 岁的老年人在死亡逃避和死亡恐惧上的分数都高于另外两个年龄段的老人。因此，想要研究和了解死亡，从年轻时就要进行生命教育，普及“优逝”理念，让人在老年期对死亡有比较理性和平和的接受度。

二、心理健康和文化生活

随着年龄的日渐增长，老年人的生理和心理功能都会随之发生变化。一般而言，心理老化比生理老化要缓慢得多，并且心理老化更易通过干预和自我调整而延缓。所以，只有接受自己不能改变的，改变自己能改变的，积极乐观地生活，才可以交出一份令自己满意的人生答卷。

1. 修身。老年人在对待自己的疾病时，要抱着“既来之，则安之”的态度。不仅要坦然接受带病生存的现实，还要积极主动地接受医生的治疗，做好慢性管理。当然，老年人在重视防治疾病、加强锻炼的同时，还要增加合理的营养，让自己的身体好起来。

2. 修心。一名长寿学者曾说，一切对人不利的影响中最能使人短命夭亡的是不好的情绪和恶劣的心境，如忧虑、沮丧、惧怕、贪求、怯懦、忌妒和憎恶等。另外，老年人在生病期间，一定要保持积极的心理状态。如此可以有效防止心理老化，让老年人保持心理健康。

3. 修“忘”。人到老年，保持一颗童心，不要总惦记着一个“老”字。首先，要忘记自己的疾病，不要将所有的注意力放在自己的疾病上。在遵医嘱的基础上，尽可能地保持一种积极的生活方式。其次，要忘记过去的怨恨。事情既然已经过去，就让所有的不悦随着时间流逝。只有接纳别人，喜欢自己，才能让自己的人生不留遗憾。

4. 修家庭。对老年人而言，他们的精神状态大多与家庭关系、家庭气氛息息相关。“少年夫妻老来伴”，对于陪伴自己的老伴儿，要设身处地地多为对方考虑一些，以平等的心态和老伴儿一起度过黄昏。“不痴不聋不做家翁”，对于晚辈的过失，老年人要懂得装糊涂，才能使自己生活得更轻松、更愉快。

5. 修生活环境。老年人要通过改善生活环境所给予的视觉、听觉和触觉感受，进而改善心理活动。老年人的起居活动场所最好能适老化，这不仅符合老年人在这个年龄段的身体和心理特点，还可以增加老年人的安全感。与此同时，在闲暇之余听一些适合老年人的音乐戏曲等，都可以改善自己的精神心理状态。

实例分析

（以山东省滨州市为例）

实例一：公共文化服务高质量发展视野下老龄群体文化权益保障的地方实践路径

——以滨州市老干部文化养老工作为例

保障老年人的基本文化权益，是我国公共文化服务体系建设的重要一环，也是《关于加快构建现代公共文化服务体系的意见》中的重要内容之一。为了实现老龄群体的文化权益保障，我国政府在公共文化服务体系建设中采取了一系列措施。其中，中央政府出台了相关政策和文件，明确将保障老年人等特殊群体的基本文化权益作为公共文化均衡发展的重要内容。

随着中国特色社会主义进入新时代，我国社会主要矛盾已经发生了转化。过去的主要矛盾是人民日益增长的物质文化需要和落后的社会生产之间的矛盾，而现在的主要矛盾是人民日益增长的美好生活需要和不平衡不充分的发展之间的矛盾。这一转化对公共文化服务体系建设提出了新的要求和挑战。

正是在这样的文化背景下，文化和旅游部、国家发展改革委、财政部于2021年出台了《关于推动公共文化服务高质量发展的意见》，旨在促进公共文化服务在老龄化社会中的高质量发展，满足老年人的文化需求，提升服务质量和水平，让老年人享有更多、更好的文化产品和服务，让老年人享有更优质的晚年文化生活。

近年来，各地方政府都在结合各自的实际情况，以“高质量发展”为主题，以深化公共文化服务供给侧结构性改革为主线，探索为老年人群体提供更高质量、更有效率、更加公平、更可持续的公共文化服务。山东滨州就从老干部群体的文化养老工作入手，充分发挥文化养老共享性、互动性、广泛性、群体性特点，找到了一条具有地域特点和品牌亮点的公共文化服务高质量发展的地方实践路径。

一、精准化定位，构建动静相宜、多维立体的文化服务网络

高质量发展是发展经济学的核心概念，在党的十九大首次提出，党的二十大把高质量发展确立为全面建设社会主义现代化国家的首要任务，进而成为各个领域的发展主题。就公共文化领域而言，高质量发展指向的是其能否更好满足人民群众对美好生活的新期待，能否适应需求多元、受众多层、形式多样、空间多维的新时代群众文化新特点，能否提供一种更具开放性内涵的现代文化治理方式。从这个角度，滨州市老干部活动中心精准聚焦全市老龄人群中的老干部群体的文化服务职能，从场馆、人员、组织、资金、运行、管理等方面全要素配置，构成了全市公共文化服务体系的有机整体，这就更有利于本地公共文化机构延伸老年人群体服务触角，实现整体提质增效，更好保障老龄群体的文化权益。

创设构建动静相宜的文化空间。优化内部活动空间设置，活动场馆动静分区，室内设有乒乓球馆、羽毛球室、台球室、棋牌室、按摩室、健身房、书画室、阅览室、多功能厅、排练厅、卡拉 OK 厅等，有助于老年人保持身体健康，锻炼肌肉协调性和反应能力。室外有网球场、门球场、篮球场、健身广场等；全面改造提升舞蹈、京剧、台球等社团排练场馆，配齐配好活动

设施；在场馆运行管理方面进行流程再造，持续提升文创空间开放服务水平，从物理空间的硬件设施建设上满足老干部群体多层次、多样化的文体需求，增强老干部社团归属感和获得感，更好地满足老龄群体对美好生活的新期待。

搭建多维立体的文化活动网络。在整合老干部文化养老资源、做好调查研究的基础上，根据老干部群体多元兴趣爱好，组建了老干部艺术团（包括合唱团、民乐团、舞蹈队）、老干部京剧团、老干部自行车队、老干部诗社、老干部台球联谊会、老干部门球协会等老字号社团组织，成立乒乓球、书法、国画、摄影、手工艺、爱歌、瑜伽、舞蹈等20余个兴趣小组和剪纸文化研究中心实践基地，定期开展八段锦、柔力球、台球、广场舞等培训，形成了社团、兴趣小组、培训三位一体的文化活动网络。不仅满足了老干部群体多种多样的兴趣需求，也为他们提供了交流、学习和合作的平台。通过参与这些社团组织和兴趣小组，老干部能够结识志同道合的朋友，丰富退休生活，也提升了老龄群体的获得感和幸福感。

策划多主题文化活动增强价值归属感。在文化空间营造、社团力量搭建的基础上，活动中心积极拓展服务领域，策划开展多种主题系列的文化养老活动，增强老干部活动阵地的吸引力和凝聚力。比如，通过元宵节灯谜会、“情满中秋”月饼制作和“粽香端午”亲手包粽子活动，传递传统文化魅力；定期组织歌友会、文化笔会、摄影展、书画展和趣味运动会，开展电信防诈骗、艺术鉴赏、口腔保健、心理健康等主题讲座，丰富精神文化生活；定期开展公益宣传和主题教育活动，用文化养老重塑老干部群体的价值感和使命感。

二、融合式发展，打造“五色辉映·老字号社团+”老年文化品牌

群众文化活动重在参与，目的就是要让广大人民群众共享文化发展成果。而新发展阶段实现公共文化服务高质量发展的原则之一就是坚持共建共

享，推动融合发展，建立协同共进的文化发展格局。

公共文化服务的高质量发展需要坚持共建共享、推动融合发展，并建立协同共进的文化发展格局。这一原则体现了文化服务的开放性、共享性和协同性，旨在促进公共文化服务的整体提升和社会效益的增强。因此，打造个性化、差异化、特色化的群众文化品牌同样也是融合发展的题中应有之义。滨州市老干部活动中心坚持“老字号社团 +”融合发展思路，推进具有示范性和带动性的“老字号”文化团队建设，打造了“五色辉映 · 老字号社团 +”老年文化品牌，为全市参与广泛、形式多样、机制健全、灵活高效的文化志愿服务体系构建做出了有益探索。

“老字号社团 +”党建引领，传承红色基因。滨州是渤海革命老区的中心地域，“老渤海”红色文化在这里孕育。滨州市老干部活动中心以“渤海银辉”党建品牌为引领，先后指导市老干部自行车队、市老干部京剧团建立党支部，配齐配强党支部书记，设置党建工作联络员，定期开展主题党日活动，观看红色电影，参观爱国主义教育基地，为广大老干部发挥正能量搭建平台，切实承担起举旗帜、聚民心、育新人、兴文化、展形象的使命任务。

“老字号社团 +”文化赋能，展示银龄风采。以七一、中秋、国庆、重阳等重大节日、重大事件为时间节点，承办“愉您同馨 · 我们的重阳”文艺会演暨首届芳华艺术节，组织社团老干部参加“庆中秋，迎国庆”文艺晚会和中老年文化艺术节舞蹈展演等大型演出，举办庆祝建党专场音乐会、红色文化广场演唱会、纪念毛泽东诞辰演唱会等系列演出，以文聚力，讴歌时代，展示银色风采。

“老字号社团 +”公益活动，助力绿色发展。组织老干部社团围绕中心、服务大局，通过绿色骑行、诗词创作和文艺节目等多种形式，积极宣传文明创建、环境保护、关心下一代和交通安全等内容，使社会主义核心价值观深入人心，弘扬真善美、传播正能量。老干部艺术团还以“文艺轻骑兵”形式进学校、入社区、下乡村，多线并行、多点开花，丰富基层人民群众的精神文化生活。

“老字号社团 +”团队建设，引领橙色团队。橙色代表光明、温暖、奉献，也是老干部社团的初心与宗旨。滨州市老干部活动中心加强对老干部社团的人文关怀，成立公益法律服务站提供法律服务，开展心理讲座，化解心理困扰，帮助人们保持阳光心态；强化对老干部社团的服务指导，设立老干部社团联系人制度，为老干部中海合唱团、老干部诗社、老干部民族乐团、老干部枫叶舞蹈队、老干部书画研究院等文化团队提供系统化专业培训和规范化管理服务，引领橙色团队健康可持续发展。

“老字号社团 +”宣传推广，打造金色品牌。整合老干部社团信息员资源，连通线上与线下，积极利用微信、微博、短视频等新媒体优势，拍摄记录社团活动过程，及时发布活动预告增强期待感，整合发布活动花絮、讯息，增强成就感，放大宣传效果，增强幸福感，全方位展示老干部社团文化工作成果。

三、区域化破题，围绕黄河文化特色助力乡村振兴

文化和旅游的融合发展，为公共文化服务提供了新的发展契机。这就要求各地在推动公共文化服务高质量发展的进程中，要发挥区域化特色优势，结合地方历史文化资源，整合社会力量助力当地文化提质增效。《“十四五”公共文化服务体系建设规划》指出了地方在公共文化服务发展中的重要角色和任务。规划鼓励地方充分发挥自身的优势，率先行动，积极拓展和提升公共文化服务，发挥引领、示范和带动作用，形成布局科学均衡、质量梯次提升的公共文化服务发展格局。

滨州市地处黄河下游，被誉为“渤海之滨、黄河之州”。黄河是中国的母亲河，对滨州市的发展和地区经济具有重要意义。随着黄河流域生态保护和高质量发展上升为国家战略，滨州市迎来了发展的新机遇，也被称作进入了“黄河时代”。《山东省黄河流域生态保护和高质量发展规划》中明确了文化发展目标——显著扩大黄河文化影响力，系统保护黄河文化遗产，打造黄河文化旅游长廊。以此为契机，滨州市老干部活动中心围绕“黄河”主题，积极发挥老年群体和老干部社团的文化首创精神，策划开展了走近黄河文化艺术季系列文化养老活动，弘扬黄河文化，传承黄河精神，探索具有黄河特色和滨州地域特点的文化服务路径。

开展黄河文化序列化项目，创设条件引领老年人走进自然学堂。开展说黄河、唱黄河、画黄河、写黄河等系列“爱我母亲河”行动，传播“幸福黄河”文化。引领老年人深挖域内黄河文化内涵，广泛收集民间流传的传说、古籍、民俗等，挖掘整理黄河文化传承根脉，助力构建黄河文化遗产保护体系。

激发“老字号”社团能量，开展黄河主题系列文化活动。打造沿黄风景带、乡村振兴百里党建示范走廊，创建老干部黄河文化创作基地；组织老干部摄影学会开展“走近黄河”主题摄影展，并结集出版；举办老干部书画研究会母亲河主题作品展，并在黄河沿岸村庄创建大自然展厅布展；组织老干部艺术团开展主题原创作品展演；组织老干部自行车队“黄河生态保护”骑行活动；组织老干部诗社开展“黄河流域生态保护和高质量发展”创作采风行，并出版发行作品集。

重心下沉，助力乡村文化振兴。充分尊重老干部群体的主体地位和首创精神，着力提高老年人的文化参与度和创造力，整合活动中心“老字号”社团资源力量，开展形式多样的文化下乡活动，鼓励老年人参加文化活动下基层义演、字画义赠等，加强城乡文化融合，厚植乡村文化自信；邀请老年人专业团队培训农村文化骨干，挖掘乡村特色符号，擦亮乡村文化品牌。

结语

随着老年人口规模的增加和人口老龄化的加速，老年人的需求也在不断演变。传统的养老服务已经不能满足老年人多元化的文化需求，特别是在公共文化范畴内，老年特殊群体的文化服务还存在一些不足。文化养老是践行积极老龄观和健康老龄化理念、改进公共文化服务精准供给不足的重要举措。从这个意义来说，以滨州老干部活动中心为主体的文化养老工作精准服务老龄群体，从场馆设施硬件和社团活动软件上构建动静相宜、多维立体的文化服务网络；秉持融合式发展理念，打造“五色辉映·老字号社团+”老年文化品牌；实现区域化破题，围绕黄河文化特色助力乡村振兴，由此探索了一条老龄群体文化权益保障的地方实践路径，为现代公共文化治理体系的群众文化功能发挥蓄积了动能，为本地公共文化服务实现广覆盖、均等化的空间延伸、服务延伸提供了助益。在此基础上，活动中心还可积极探索资源全方位、大口径整合策略，实现与文化馆老年艺术大学、老年大学教育机构协作共建模式，构建文化养老合作体系，实现优势互补、资源共享和共同发展，推动老龄群体文化服务向着内涵式、高质量发展的方向迈进。

王海霞

实例二：以文化人创新开展文化养老的生动实践

文化养老具有共享性、互动性、广泛性和群体性等特点，不仅满足老年人精神文化生活的需求，提高老年人的生活生命质量，而且促进家庭和睦、社会和谐。

滨州市老干部活动中心坚持“全心全意为老干部老年人服务”的工作理念，全面贯彻中央、省委关于文化养老服务工作的方针政策和决策部署，主动适应离退休干部队伍发展变化的新要求和老干部工作面临的新形势新任务，积极稳妥推进离退休干部工作高质量转型发展，认真做好新时代老干部文化养老工作。活动中心注重加强信息化、精准化、规范化建设，文化养老工作亮点纷呈，服务温暖贴心，持续推进公共文化服务高质量发展工作。

一、文化活动精彩纷呈，公共服务再创新局

1. 聚焦精准服务，创设文化空间

活动中心力创设备设施齐全、人文环境优美、文化氛围浓郁的文创空间，让老年人愉悦地享受文化养老。优化内部活动空间设置，活动场馆动静分区，项目内容丰富多彩，是离退休干部乐学、乐活、乐享的温馨家园。在场馆运行管理方面进行流程再造，提升文创空间开放服务水平。根据老同志的兴趣爱好，社团、兴趣小组和培训活动构成多层次、立体化的文化活动网络，带动老同志展示本色魅力，绽放银龄风采，提升退休生活的获得感和幸福感。

活动中心广泛听取老同志感言心声，助推工作提质增效，实现“老有所需、必有所应”的服务保障，用心用情用力为老同志提供精准化、亲情化、个性化的文化服务。以文化养老为载体，向老年传递正能量，协助退休老年人适应新角色和新身份，融入社会生活，建立新的人际关系，加强情感交流互动，实现退休生活的怡然、悠然。

2. 聚焦余热生辉，传承初心使命

文化养老重塑老年人的价值感和使命感，重新唤起老年人的生命志向，将老年人带到了生命的“第三起跑线”。活动中心积极创设文化平台载体，并在主流媒体和新媒体广泛宣传，在老干部自行车队、老干部京剧团中相继成立党支部，汇聚老干部的智慧和正能量，开展公益宣传和主题教育活动。组织开展“乡音戏曲暖重阳”敬老月慰问活动，为老人们送去文化、送去快乐、送去温暖，弘扬中华民族孝老爱亲传统美德。定期开设“道德讲堂”，邀请老同志讲家风述传承，邀请道德模范用亲身经历诠释高尚品德，促进社

会和谐。

二、力促“老字号”社团发展，倡导健康文化风尚

老干部活动中心坚持“老字号社团 +”融合发展思路，积极推进老干部社团作用发挥，积极组织并指导社团文艺创作，开展文化养老工作理论研究。推进具有示范性和带动性的“老字号”文化团队建设，为老干部中海合唱团、老干部诗社、老干部民族乐团、老干部枫叶舞蹈队、老干部书画研究院等文化团队提供系统化专业培训和规范化管理服务，实现健康可持续性发展。引领老年人在文艺作品创作和演绎上，弘扬向上向善的价值导向，以“老字号”社团艺术活动践行社会主义核心价值观。活动中心注重“老字号”社团文化活动的沟通交流，社团活动遍地开花，文化养老“五色”辉映，谱写出“莫道桑榆晚，为霞尚满天”的新篇章。

1.“老字号社团 +”党建引领，传承红色基因

加强老干部社团党组织建设。以“渤海银辉”党建品牌为引领，活动中心先后指导市老干部自行车队、市老干部京剧团建立党支部，配齐配强党支部书记，设置党建工作联络员，为广大老干部发挥正能量搭建平台。

开展支部活动。依托老干部活动中心阵地平台，老干部社团落实专题辅导、集中培训、党性教育等思想政治建设。定期开展主题党日活动，参观爱国主义教育基地，就近就地过好组织生活，使社团老干部离岗不离党、退休不褪色，确保政治坚定、思想常新、信念永存。

2.“老字号社团 +”文化赋能，展示银龄风采

组织文艺演出。活动中心以七一、中秋、国庆、重阳等重大节日、重大事件为时间节点，承办“愉您同馨 · 我们的重阳”文艺会演暨芳华艺术节，积极为老干部艺术团搭建文化大舞台，组织社团老干部参加“庆中秋，迎国庆”文艺晚会和中老年文化艺术节舞蹈展演等大型演出。一位从事文艺工作多年的观众在观看演出后向老干部艺术团竖起大拇指：“节目将思想性、艺

术性和观赏性完美融合，毫不逊色于专业团队！”

助推艺术创作。老干部京剧团立足时代背景，结合地方特色，演绎编排原创作品36个，用现代样板戏讴歌“老渤海精神”“杨柳雪精神”，举办庆祝建党专场音乐会、红色文化广场演唱会、纪念毛泽东诞辰演唱会等系列演出12场；与威海京剧票友组织开展戏曲联谊。老干部活动中心积极推动成立市老干部诗社并举办贺诗吟诵会，老干部以文聚力讴歌干事创业，大力发展诗词事业。同时注重开拓第二课堂，带领老干部走出去，组织摄影学会老干部参观新农村建设，喜看新变化，盛赞新发展；组织国画创作院老干部外出采风，寄情山水，师法自然。

3.“老字号社团+”公益活动，助力绿色发展

开展公益宣传。老干部社团围绕中心、服务大局，通过绿色骑行、诗词创作和文艺节目等多种形式，积极宣传文明创建、环境保护、关心下一代和交通安全等内容，使社会主义核心价值观深入人心，弘扬真善美、传播正能量。老干部自行车队到幼儿园与小朋友老少同乐，宣传平安出行，慰问环卫工人，一路骑行、一路关爱。市老干部艺术团以“文艺轻骑兵”的形式进学校、入社区、下乡村，参加“传承红色基因 培育时代新人”系列演出等众多公益活动，多线并行、多点开花，丰富基层人民群众的精神文化生活。

4.“老字号社团+”团队建设，引领橙色团队

加强老干部社团建设。市老干部活动中心强化对老干部社团的服务指导，设立老干部社团联系人制度，派专人与社团形成常态化联系，定期组织老干部社团负责人座谈会，探讨方向，开阔思路，制定活动主题，设定路线图表。每年举办老干部社团趣味运动会，增强团队凝聚力，组织舞蹈、摄影等骨干培训，提高成员专业能力。加强对老干部社团的人文关怀，成立公益法律服务站，提供法律服务，开展心理讲座，化解心理困扰。

完善活动基地。根据活动需要，老干部活动中心全面改造舞蹈、京剧、

台球等社团排练场馆，配齐配好活动设施，增强老干部社团成员的归属感和获得感，更好地满足老同志对美好生活的新期待。排练厅第一次投入使用时舞蹈团老干部激动地说："活动中心为我们提供了一流的服务品质，一流的环境设施，我们有信心有底气去乘风破浪，舞动奇迹！"

5."老字号社团+"宣传推广，打造金色品牌

全方位做好宣传。老干部活动中心充分发挥老干部和工作人员的积极性，整合老干部社团信息员资源。营造"人人都是宣传员，人人当好宣传员"的良好氛围。宣传团队利用微信、微博、小视频等新媒体优势，拍摄记录活动过程，及时发布活动预告，增强期待感，整合发布活动花絮、讯息，增强成就感，放大宣传效果，增强幸福感，全方位展示老干部社团工作成果。

打造老干部社团品牌。老干部活动中心深挖老干部典型人物和先进事迹，积极打造叫得响、立得住、传得开的"老字号"社团品牌。自行车队获得"山东省最佳老干部志愿服务团队"荣誉称号，老干部艺术团被评为"山东省优秀老干部艺术团"。

三、挖掘弘扬黄河文化，助力乡村文化振兴

黄河作为中华民族的母亲河，对中国的历史、文化和经济发展都有着深远的影响。黄河流域的生态保护和高质量发展是一项重大的战略，具有长远的发展目标。

《山东省黄河流域生态保护和高质量发展规划》明确了文化发展目标，系统保护黄河文化遗产，打造黄河文化旅游长廊。围绕"黄河"主题，活动中心组织开展走近黄河文化艺术季系列文化养老活动，弘扬黄河文化，传承黄河精神。

通过黄河文化序列化项目，创设条件引领老年人走进自然学堂，并开展说黄河、唱黄河、画黄河、写黄河等系列"爱我母亲河"行动，传播"幸

福黄河”文化。引领老年人深挖域内黄河文化内涵，广泛收集民间流传的传说、古籍、民俗等，挖掘整理黄河文化传承根脉，助力构建黄河文化遗产保护体系。打造沿黄风景带、乡村振兴百里党建示范走廊，创建老干部黄河文化创作基地，组织老干部摄影学会开展“走近黄河”主题摄影展，并结集出版，组织老干部书画研究会母亲河主题作品展，并在黄河沿岸村庄创建大自然展厅布展。

组织老干部艺术团开展主题原创作品展演，组织老干部自行车队“黄河生态保护”骑行活动，组织老干部诗社开展“黄河流域生态保护和高质量发展”创作采风行，并出版发行作品集。将结合“老字号”社团文化下乡活动，鼓励老年人参加文化活动下基层义演、字画义赠等，加强城乡文化融合，厚植乡村文化自信；邀请老年人专业团队培训农村文化骨干，挖掘乡村特色符号，擦亮乡村文化品牌。

今后，老干部活动中心将为文化养老事业发展捋思路、强队伍、搭平台、聚合力，组织引导老年人更好地发挥自身优势和作用，讲好初心故事，传递桑榆声音，以文化赋能升华正能量。

结语

文化养老是践行积极老龄观和健康老龄化理念的重要举措，老干部活动中心充分发挥自身文化平台优势，助力文化养老。在此基础上，活动中心与文化馆老年艺术大学、老年大学教育机构等协作共建，构建文化养老合作体系，拓宽组织架构保障，实现优势互补、资源共享和共同发展。活动中心积极探索资源全方位、大口径整合策略，积极开展文化养老合作服务，大力促进信息化管理平台建设，充分利用自媒体、微信公众号等实现网络多效服务，开启文化养老新模式。

王海霞　杨阳

实例三：山东省滨州市老干部活动中心：别具一格庆百年

百年党史波澜壮阔，百年初心历久弥新。在庆祝中国共产党成立 100 周年和全党开展党史学习教育之际，山东省滨州市老干部活动中心以庆祝建党 100 周年为主线，相继开展“百年党史”红色主题系列活动，通过红色映象——红色经典电影展播、红色高歌——唱响时代主旋律、梨园颂歌——百段原创京剧展演、诗韵初心——“渤海银辉杯”诗词大赛、幸福记忆——“老照片里的幸福滋味”征文、翰墨丹心——书画作品展、光影瞬间——摄影作品展等活动，在广大老干部中加强党史、新中国史、改革开放史、社会主义发展史宣传教育，致力讲好滨州故事、传播滨州声音、展示滨州风采，激励引导广大老干部为现代化富强滨州建设贡献桑榆力量。

一、"百年党史·红色映象"——红色经典电影展播

一部红色电影，一串先辈足迹，一段沧桑历程，一种深刻领悟。红色电影是对中国共产党从诞生、成长，到发展、壮大伟大历史进程的精华浓缩与生动再现。展播活动精选百部红色经典电影，共分为开天辟地起惊雷，新生政党举旗帜——建党篇；风云突变波涛涌，屠刀不泯革命志——土地革命篇；高天滚滚寒流急，红军不怕远征难——长征篇；生死存亡筑长城，中流砥柱在延安——抗战篇；两种命运大抉择，解放战争求解放——解放战争篇；人民军队卷残云，天翻地覆慨而慷——建国篇；为有牺牲多壮志，敢教日月换新天——新中国篇七大篇章，以电影《建党伟业》为开篇，自3月起每周播放一部红色经典电影，《建军伟业》《长征》《遵义会议》《百团大战》《大决战》《走出西柏坡》《建国大业》《上甘岭》《毛泽东回韶山》，一部部经典电影串联起党的百年历史，让老党员们在胶片与光影中穿越历史

时空、唤醒经典回忆，在红色经典电影中学习百年党史、汲取奋进力量，进一步学史明理、学史增信、学史崇德、学史力行。

二、“百年党史·红色高歌”——唱响时代主旋律

红色高歌——唱响时代主旋律活动 4 月 29 日在西纸坊·黄河古村启动。奔赴 10 处公园，展示发展成就。市老干部艺术团的老党员们以黄河楼、西纸坊、中海公园、秦皇河、市政文化广场、新立河等 10 处城市公园为演出舞台，将滨州自然风光和人文景观融入其中，生动展示现代化富强滨州建设新成就。唱响 10 首红歌，汲取奋进力量。《没有共产党就没有新中国》《英雄赞歌》《保卫黄河》，一首首时代印记鲜明的红歌生动反映了中国共产党的百年奋斗历程，老党员们铿锵演绎经典红歌，用振奋激昂的歌声、情真意切的感情重温誓言初心、绽放时代芳华，感受红歌背后的精神力量。组织 10 场录制，绽放渤海银辉。在录制现场，老同志们全情投入、精益求精、精心

滨州市老干部活动中心
滨州市老干部京剧团
“高歌百年颂党恩 阔步奋进新征程”系列活动之红色经典京剧演唱会

滨州市老干部活动中心
滨州市老干部京剧团
活动之红色经典京剧演唱会

打磨，以歌声致敬历史、用心声唱响未来，展现出老干部使命在肩、薪火相传的责任感，此次活动最终形成10首红歌MV，通过网络平台陆续展播。

三、“百年党史·梨园颂歌”——百段原创京剧展演

滨州市老干部京剧团开展梨园颂歌——百段原创京剧展演活动，将时代精神融入传统京剧，结合滨州特色，创作百段京剧作品，用京剧艺术讴歌“老渤海精神”“杨柳雪精神”，传承红色基因、缅怀革命先辈，为现代化富强滨州建设奉献精神力量。创作《百年红船再起航》《百年光辉照未来》《三代家风一脉传》，歌颂党的百年革命史、奋斗史和强国史；创作《不忘初心谱新篇》《开创圆梦新时代》，在现代化富强滨州建设新征程上，奋力开创新辉煌；创作《为中华崛起而读书》《永远的怀念》《杨柳雪举红旗不忘初心》，到周恩来总理骨灰撒放地、怀周祠举办纪念周恩来京剧演唱会，歌颂总理精神、赓续精神血脉；创作《致敬毛岸英》，到博兴县高家渡革命历史纪念馆举办红色经典京剧演唱会，到阳信县毛岸英纪念馆、毛岸英旧居，缅

怀革命先辈、表达追思之情；创作《忆秦娥·白衣天使》《七律·钟南山》，歌颂生命至上、举国同心、舍生忘死、尊重科学、命运与共的抗疫精神。

四、“百年党史·诗韵初心”——“渤海银辉杯”诗词大赛

诗韵初心——“渤海银辉杯”诗词大赛以庆祝中国共产党成立100周年为主题、以弘扬时代主旋律为宗旨，全市广大老干部诗词爱好者踊跃创作186首诗词作品。大赛组委会聘请山东省诗词学会5名专家盲评，本着公平、公正、公开的原则，共评选出个人奖一等奖3名、二等奖6名、三等奖22名、优秀奖33名，同时评选出10个组织奖。

6月23日，滨州市庆祝中国共产党成立100周年“渤海银辉杯”诗词大赛颁奖典礼举行。在市老干部艺术团器乐合奏《载歌载舞庆佳节》、合唱《没有共产党就没有新中国》、舞蹈《我的家乡大平原》、京歌《唱支山歌给党听》等精彩节目烘托出的热烈庄重氛围下，获奖代表上台领奖。老干部朗诵爱好者现场诵读获奖代表作品：《沁园春·咏滨州献礼建党100周年》《满庭芳·七一放歌》《沁园春·大美滨州》《沁园春·红旗杨柳雪》《满庭芳·春日登黄河楼》，老干部们以诗筑梦、以词传情，将对中国共产党的礼赞、对现代化富强滨州建设新成就的讴歌都浓缩在一首首大气磅礴、饱含深情的诗词里，融入一次次铿锵有力、令人热血沸腾的诵读中。全市广大老干部诗词爱好者将以这次诗词大赛为新起点，继续多出诗句华章精品力作，为现代化富强滨州建设营造浓厚氛围、奉献精神力量。

五、“百年党史·幸福记忆”——“老照片里的幸福滋味”征文

一张张发黄的老照片定格幸福模样，一段段真挚的文字记录峥嵘岁月。老干部们是老渤海的革命者、新滨州的建设者，他们珍藏的每一张老照片都印刻着一个感人故事、记录着一段难忘历史。幸福记忆——“老照片里的幸福滋味”征文于3月启动，共收到征文近30篇。

老干部们翻出珍藏的老照片，一同回味沉淀在老照片里的幸福滋味。

庆祝中国共产党
成立100周年
滨州市老干部活动中心 国画院一组 师生作品

《老照片里的美好回忆》《绿色滨州的足迹》，正是一代又一代新滨州建设者的接续奋斗，才有了苦海沿边的鲁北小镇到现代化富强滨州的美丽蝶变；《回忆幸福时刻》《幸福的回忆》，回忆幸福生活的点点滴滴；《难忘的知青岁月》《与村民朝夕相处的日子》，记录艰苦磨砺、充实饱满的人生经历；《一张准考证》《半个世纪前的毕业照》《1966年春，文史楼337教室》，追忆同学少年难忘求学路；《不同时代家用交通车之联想》《我家的“高龄”缝纫机》，生活小物件折射社会大变迁。千言万语汇成一句话——《党的恩情永不忘》。那段质朴而温暖的生活、艰苦而充实的岁月，展示出老干部积极乐观的精神状态、奋发有为的进取姿态，见证了老渤海的艰苦革命岁月、新滨州的富强建设征程。

六、“百年党史·翰墨丹心”——书画作品展

“建党正百年·翰墨表丹心”，滨州市老干部活动中心国画创作研究院一组师生作品展于6月8日在滨州市档案馆开幕。画展由滨州市文学艺术联合会、民进滨州市委、滨州市老干部活动中心主办，滨州市档案局、滨州市美术家协会协办，滨州市老干部活动中心国画创作研究院承办。广大老干部童颜未酬学书志、鹤发挥毫绘丹青，寄情纸笔、挥毫泼墨，历时数月潜心创作国画作品近百幅。《毛泽东主席在瑞金》《渤海烽火》《雪压太行》《高风

亮节》《江山如画》，一幅幅作品无不折射出学员们“翰墨银发重晚晴，不忘初心颂党恩”的情怀与心声，为庆祝中国共产党成立 100 周年和富强滨州建设添丹青色彩、增桑榆力量。

七、“百年党史 · 光影瞬间”——摄影作品展

滨州市老干部摄影学会成立仪式暨首届摄影展 4 月 29 日在西纸坊 · 黄河古村举行。摄影展以“岁月‘镜’好”为主题，分为风光篇、生灵篇、幸福篇三个展区，共展出作品 48 幅，他们通过镜头，定格光影瞬间、记录美好生活。老干部们到野外采风，拍摄《祁连山风光》《云雾黄山》《烟雨漓江》《黄河在咆哮》，领略祖国河山之壮美；到自然天地，拍摄《鹅鹅鹅，曲项向天歌》《采蜜》《春塘水暖》《鹭舞》，感悟生态滨州万物勃勃生机；到城市乡村，拍摄《黄河之翼》《繁忙的北海》《中海夜景》《春意盎然》，展示富强滨州建设日新月异；到广场社区，拍摄《春之声》《舞起来》《童趣》《雾中晨练》，记录人民生活幸福久长。

百年大党风华正茂，桑榆晚晴初心如磐。广大老干部退休不褪色、离岗不离党，在电影中重温波澜壮阔的百年党史，在老照片中回忆幸福生活变迁、社会发展变化，用纸笔写意描绘、用镜头记录瞬间、用红歌京剧诗词深情礼赞，热情讴歌了波澜壮阔的百年党史，精彩地呈现了现代化富强滨州天翻地覆的发展变化，生动地展现了滨州老干部积极向上的渤海银辉风采，充分体现了滨州老干部感党恩、跟党走的政治本色和拳拳爱党爱国之心，是全市老干部文化养老的生动实践和重要成果，也是全市深化党史学习教育的生动教材。山东省滨州市老干部活动中心将继续秉承全心全意为老干部服务的初心，不断探索高质量转型发展之路，积极引导老干部不忘革命初心、永葆政治本色，弘扬光荣传统、传承红色基因，弘扬时代主旋律，为推动现代化富强滨州建设和全国文明城市创建凝聚强大桑榆力量，为党的百年华诞献礼。

滨州市老干部活动中心

2021 年 6 月 30 日

实例四：滨州市以“四种活动”打造让老干部满意的活动中心

老干部是党和国家的宝贵财富，保持老干部思想政治觉悟不松懈，精神文化生活不断丰富，持续发挥正能量，各级活动中心是主阵地。滨州市通过开展“四种活动”，不断提升各级活动中心建设，打造老干部温馨家园。

一、党建活动有突破

抓好硬件建设。打造市直老干部共享式党建基地建设，实现党建活动资源共享，辐射带动各项离退休党建工作。建立临时党支部：在老干部自行车

入党誓词

队、老干部京剧团等“老字号”社团成立临时党支部，以党组织的形式推动离退休干部的重要价值和作用的发挥。开展主题党日活动：在活动中心离退休干部党支部、“老字号”社团党支部中开展各项特色主题党日活动，邀请优秀党员代表上党课，参观社会发展成果等，丰富主题党日的内容，提升教育意义。增强党员意识：带领离退休党员重温入党誓词，高唱红色歌曲，观看党和国家的斗争史、发展史、优秀党员传记等纪录片，为老党员颁发“光荣在党 50 年”纪念章，激发党员意识，不忘入党初心。

二、主题活动有特色

围绕喜迎党的二十大、深入推动黄河流域生态保护和高质量发展等主题谋划开展 20 项活动，突出活动的系列性、文化性、地域性和规模性，使主题活动更具意义，更具影响。以“红色高歌”为主题，合唱团的离退休干部们前往滨州市代表性地点打卡，唱响时代主旋律，助力富强滨州建设新征

程。老干部京剧团自编自演百首京剧作品，让传统文化深入人心，增强文化自信。开展经典诵读、摄影采风等黄河主题活动，弘扬黄河文化，传承黄河精神。

三、志愿活动献余热

在离退休干部中加强公益宣传，引导有心有力的离退休干部积极参与志愿服务，为各项公益活动提供有力保障。老干部自行车队的离退休干部们长期活跃在公益活动第一线，深入城市农村、社区学校，宣传绿色环保、安全出行等理念，赢得广泛赞誉。服务基层群众，与人民群众心连心，活动中心组织广大干部职工、离退休干部深入农村，看望帮扶困难群众，为新农村建设出谋划策，为基层群众送精神食粮。关爱老人儿童，成立义演小分队，在重阳、六一等节日，前往养老中心、学校等进行文艺演出，关爱老年人和少年儿童。

四、培训活动育人才

活动中心将自身定位为培训活动骨干的重要基地，邀请名师开展舞蹈、绘画、合唱、摄影等培训课程，并成立各种兴趣小组，活动中心对各兴趣小组统一管理，根据活动场地、授课教师、学习内容等情况综合制定课程表，督促授课老师严格按照每学年的教学计划进行教学，为各兴趣小组提供有力的后勤保障和服务管理，将培训活动常态化、规范化。根据离退休干部的文体水平，不定期开展各骨干培训班，通过集训方式在短时间内提升文化素养，提高整体水平，为滨州市输送大量离退休干部文体人才。

滨州市老干部活动中心

2022年9月1日

实例五：滨州市老干部活动中心：文化养老的温馨家园

滨州市老干部活动中心遵循“全心全意为老干部服务”的工作宗旨，致力于实现“让党组织放心，让老干部满意”的工作目标，对老干部群体送去关心和关爱。在实际工作中，市老干部活动中心通过建立健全服务机制，加强与相关部门和社会资源的合作，提供更多的优质服务项目和活动，例如，开展“喜迎国庆”笔会活动等。同时，认真落实老干部工作各项方针政策，不断探索新形势下做好老干部工作的新经验、新方法，不断完善中心建设，用心打造文化养老温馨家园，孜孜以求、精益求精的工作也收获了荣誉——被评为“山东省老干部工作先进集体”。

一、写春联·送祝福

文化活动异彩纷呈。面对新冠疫情突发的特殊时期，活动中心在做好

市老干部活动中心“喜迎国庆”笔会活动

滨州市老干部活动中心手工艺制作培训

疫情防控的前提下，组织开展老干部喜闻乐见、形式多样的文化娱乐活动。年初，组织老干部书法爱好者们开展写春联、迎新春、送祝福活动，共创作100余副春联，200余张“福”字。举办“翰墨飘香 喜迎国庆”书法笔会活动，老干部用饱含深情的作品，表达对伟大祖国的无限热爱。组织国画、摄影等兴趣小组开展系列采风活动，分别到惠民县渤海革命老区机关旧址、武定府衙、邹平市鹤伴山等地开展采风写生，提升了老干部的绘画水平和写生技巧。组织老干部摄影爱好者前往阳信县流坡坞镇参观考察富强滨州新农村建设成就。组织发动老干部助力抗疫，举办摄影、书画、剪纸、诗词等抗疫主题文艺作品征集活动，征集作品200余件，并在《滨州日报》和活动中心微信公众号选登。由市老干部活动中心参与承办的“愉您同馨·我们的重阳”文艺会演暨首届芳华艺术节在滨州大剧院成功举办，为观众献上一场精彩的视听盛宴，展示了全市老干部工作高质量发展的丰硕成果。

二、手工艺制作培训

学习培训丰富多彩。市老干部活动中心根据老干部兴趣爱好，通过动静结合、常态学习与集中培训结合的方式，不断增加学习培训的吸引力和感染力，努力把活动中心建设成为老干部文体活动骨干培训基地。组织举办为期5天的“动手有艺，乐享生活”手工艺制作培训，通过动手制作，让老干部深切体会创新创意、动手动脑的乐趣。组织举办以“‘瑜’悦身心，‘伽’倍健康”为主题的瑜伽公益培训班，让老干部体验瑜伽的独特魅力，追求健康的生活方式。组织八段锦、摄影、广场舞等骨干培训班，并开设舞蹈兴趣小组。联合市地方金融监督管理局，在老干部中开展预防金融诈骗知识宣讲活动，引导老干部提升安全意识，增强防骗本领。

三、第三届市直单位老干部够级邀请赛

体育赛事精彩有趣。为丰富老干部体育文化生活，强身健体，促进交流，增进友谊，市老干部活动中心积极组织开展各类体育赛事，并且发挥集体聪明才智，创新赛事内容，增强赛事的趣味性，不断增强活动中心阵地的吸引力和凝聚力。举办2020年市直（驻滨）单位老干部门球赛，市直各部门20支代表队共200多名门球爱好者参加了比赛，科学规范的赛事流程和热情周到的比赛服务得到了参赛者的一致好评。组织举办了“相聚金秋·乐享重阳”老干部趣味运动会，160余名老同志欢聚一堂，享受运动带来的快乐。组织举办第四届老干部台球联谊赛和第三届市直单位老干部够级邀请赛。

四、老干部自行车队参与新农村建设

社团发展提质增效。以形成合力、壮大实力、激发活力、提高影响力为目标，促进社团发展，提升整体水平。市老干部中海合唱团、枫叶舞蹈团参加省、市各类文艺演出，精神饱满、表现优异。老干部民族乐团排练抗疫主题作品，助力抗疫阻击战，传播必胜信念。老干部京剧团举办庆祝建党99周年专场演唱会、红色文化广场演唱会和第五届毛泽东诞辰演唱会，传承戏曲艺术，厚植爱国情怀。滨州市老干部诗社在市老干部活动中心成立，进一步发挥老干部诗词的骨干作用，传承优秀传统文化。老干部自行车队深入农村、街道、学校，参与新农村建设，慰问一线环卫工人，宣传平安出行，助力社会公益。

五、爱心义诊

服务沟通细致周到。今年疫情期间，活动中心创新工作机制，开展“云端”交流会活动，充分利用互联网及新媒体，通过微信群、微信公众号等及时发布疫情通报、温馨防疫提示等，增强特殊时期与老干部的互动交流。根据老同志的活动需要，对活动中心各个场馆统筹规划，按照动静分区的原则进行布局调整和升级改造，对健身房、乒乓球室、台球室、棋牌室、羽毛球馆等场馆进行墙面和灯光改造约2400平方米，并配齐配好活动设施。丰富

脾胃病科

阅览室图书种类，及时更新报纸杂志，营造浓厚的书香气息，满足老干部的精神文化需求。联合市中医医院举办义诊活动，为老干部提供健康服务。

六、国画创作研究院采风写生活动

征途漫漫，唯有奋斗。站在“两个一百年”奋斗目标的历史交汇点，市老干部活动中心也即将开启新的征程。我们将积极探索转型发展之路，秉持全心全意为老干部服务的初心，丰富活动内涵，拓展活动外延，着重在构建文体活动和党建活动重要阵地、引领滨州市文化养老的重要平台、打造文体骨干和党支部书记培训的重要基地、展示老干部精神风貌和时代风采的重要平台、发挥老干部作用的重要载体、成为市委市政府联系老干部的重要纽带六方面发力，致力于打造具有一流服务品质、一流环境设施的“双一流”老干部温馨家园。

2021 年 1 月 27 日《滨州日报》专刊报道

参考文献

[1] 龚蛟腾 . 改革开放后图书馆事业的复兴与开拓 [J]. 图书馆，2015（2）.

[2] 曹爱军 . 公共文化服务的兴起及其发展取向 [J]. 重庆社会科学，2010（5）.

[3] 吕方 . 我国公共文化服务需求导向转变研究 [J]. 学海，2012（6）.

[4] 陈超 . 用“互联网 +”和“图书馆 +”成就全民阅读 [N]. 文汇报，2015-04-24.

[5] 纪锋亚 . 基于“互联网 +”思维的公共文化服务研究 [J]. 信息技术，2016（3）.

[6] 齐勇锋，李平凡 . 完善公共文化服务体系 提高国家文化软实力 [J]. 中国特色社会主义研究，2012（1）.

[7] 陈祥东 . 公共文化服务体系的四大特征 [N]. 光明日报，2014-12-09.

[8] 费孝通 . 家庭结构变动中的老年赡养问题——再论中国家庭机构的变动 [J]. 北京大学学报（哲学社会科学版），1983（3）: 7-15.

[9] 余飞跃 . 家庭养老的困境与出路——兼论孝与不孝的理性 [J]. 重庆大学学报（社会科学版），2011（5）: 124-130.

[10] 王军永，吴剑等 . 基于养老概念解析的养老模式与方式划分浅析 [J]. 海峡科技与产业，2020（7）: 77-79.

[11] 孙文基 . 建立和完善农村社会保障制度 [M]. 北京：社会科学文献出版社，2006：86-100.

[12] 拉尔斐·比尔斯．文化人类学 [M]. 石家庄：河北教育出版社，1993：38–39.

[13] 吴向华．家庭养老：我国最重要的养老方式之一 [J]. 宁夏党校学报，2008（11）：50–52.

[14] 夏磊．多元化养老模式选择研究 [D]. 杭州：浙江财经学院，2012：1–59.

[15] 穆光宗．我国机构养老发展的困境与对策 [J]. 华中师范大学学报（人文社会科学版），2012（2）：32.

[16] 哈尔·肯迪格．世界家庭养老探析 [M]. 北京：中国劳动出版社，1997：273.

[17] 姚远．对中国家庭养老弱化的文化诠释 [J]. 人口研究，1998（5）：49.

[18] 俞金尧．西方家庭史研究概况 [N]. 光明日报，2000–12–15.

[19] 潘光旦．潘光旦选集：第二集 [M]. 北京：光明日报出版社，1999：383.

[20] 王述智，张仕平．关于当前农村养老问题及其研究的思考 [J]. 人口学刊，2001（1）.

[21] 张翼．中国第五次人口普查数据分析 [EB/OL]. 中国网，http：//www.china.org.cn.

[22] 关雅梅．影响农村计划生育的五大障碍 [J]. 理论界，1998（5）.

[23] 寿璐，晓晶．关注居家养老——居家养老符合中国国情——访全国老龄办副主任闫青春 [J]. 中国社会导刊，2008（8）：15.

[24] 中国老龄协会副会长吴玉韶在 2016 年 12 月 2 日举办的第九届健康中国论坛上提出：学习是最好的养老方式，加强老年教育非常有必要，发展老年教育是实现从养老到享老的必然要求。

[25] 辜筠芳．老年心理学导读 [M]. 杭州：浙江工商大学出版社，2018：26.

[26] 高焕民，李丽梅．老年心理学 [M].2 版．北京：科学技术文献出版社，2019：299.

[27] 张志杰，王铭维．老年心理学 [M]. 重庆：西南师范大学出版社，2019：60.

[28] 于恩彦．实用老年精神医学 [M]. 杭州：浙江大学出版社，2013：65.